文明的流轉

鄉民最好奇的人類文明大哉問
阿姨一次說清楚

劉仲敬——著

目次

第一章 總論

Q 基督教是西方文明唯一的源頭？

不是。日爾曼的封建傳統，顯然也是西方文明的一個重要來源。我通常會說有三個來源：猶太系（希伯來系）、希臘系、日爾曼封建系。在憲法和法律方面，日爾曼的封建傳統起了更加突出的作用。

但三大傳統畢竟是相互支持，像ＤＮＡ的雙螺旋一樣紐合在一起，只不過ＤＮＡ是雙螺旋，西方文明是三螺旋。三螺旋的性質，不同於任何一條螺旋線的性質。也就是說，整體大於各部分之和；拆開來看，每一部分的性質都會跟整合時不一樣。

Q 阿姨經常說「歷史就是所有世界線的路徑積分」，而美國理論物理學家費曼（Richard Feynman）的路徑積分，說的是從一點到另一點有無窮多路徑，這怎麼和歷史聯繫上？

你看過電子雲（electron cloud）嗎？電子雲密度最濃厚的地方，就是電子最有可能出現的地方；密度比較稀疏的地方，就是電子不大可能出現的地方，但並非絕對不可能。傳統物理學會把電子的軌跡畫成一條線，但更加可靠的描繪就是一團雲。一團雲不是很多個電子，而是很多個電子可能出現的位置。

歷史是無窮無盡的行為主體博弈的結果。這些博弈可能出現的路徑，就像電子可能出現的位置那樣，某些路徑出現的可能性特別大，就最有可能變成真實的歷史。真實的歷史不是一個歷史，而是許多個可能的、想要出現的博弈路線的綜合結果。

也就是說，例如我想向東，他想向西，我們就形成了兩條不同的歷史路徑。假定世界上只有我們兩個人，那麼我們的歷史路徑形成的積分，就會變成我們的歷史。當然世界上不是只有我們兩個人，而是有無窮無盡的人。

除了個人，還有很多的多層次博弈主體，例如我自己其實就產生了很多不同的積分，有作為我個人的積分，有我個人參加和影響的各種不同層次的行為主體的積分，這些積分也是不一樣的，所以實際情況會複雜得多。

但你可以用簡化的方式來思考：每一條路徑都在路徑積分圖上畫出來，自然像電子雲那樣，有比較稀疏與比較密集的部分。你所看到的歷史，實際上就是所有這些不同的路徑積分最後的結果。

Q 阿姨怎麼看普世主義？

我可以很有把握地說，從路徑積分的演算法來看，普世主義實現的可能性很小。普世主義產生的時間異常地早，至少可追溯到古希臘時期。它曾經多次接近成功，但每一次都重新由成功轉為失敗。基督教曾以為，如果消除了異教城邦，在兄弟友愛之下，天下將會大同。但實際上，基督教內部的教派糾紛，馬上就取代了原來的糾紛。你以為能消滅原有的糾紛，但其實只是用新的糾紛取代過去的糾紛。

從實然的角度來講，普世主義取得勝利的可能性非常小。從應然的角度來講，我對它也抱有極大的懷疑。因為普世主義所帶來的和平幸福，隱含著消滅各種差異性，使文明變得單調貧乏的巨大危險。

文明的發展並不是沒有代價。從局部來看，其中一部分代價似乎跟痛苦有不解之緣。一個完全和平幸福的系統，不是一個能自我持續的系統，也不是一個能不斷產生新秩序、有利於自由文明的系統。

第二章 文明季候

Q 阿姨說過，人謀不如地緣，地緣不如天命，無論技術多麼高明，春天收割、秋天播種都會事與願違，一切為時已晚。聽起來很難理解，能不能解釋一下？

任何事情都有季候[1]，也有中心和邊緣的區別。首先要定位，如果你不定位、盲目

1 文明季候論是德國歷史學家史賓格勒（Oswald Spengler）在其著作《西方的沒落》（*Der Untergang des Abendlandes*）中提出的觀點。他的文明觀是一種有機體論的文明模型，把文明比作有生命週期的生物，認為文明如同自然的春、夏、秋、冬四季，有生長、繁盛、衰退、死亡的過程。

地引用是沒有意義的。吉朋（Edward Gibbon）在《羅馬帝國衰亡史》（*The History of the Decline and Fall of the Roman Empire*）裡，就曾引用安德洛尼卡（Andronikos）皇帝對孫子說的話：「我們的帝國現在只需要一個謹慎的管家，保住祖先留下來的這點殘山剩水就行了。你一味地想要去做一個英勇的武士，只會事與願違。」周世宗柴榮跟沙陀人作戰時，揚言要做出唐太宗的功業，太師馮道就對他說：「你能跟唐太宗比嗎？」也是同樣的意思。

這不是個人才能的問題。如果只考慮這一點，你可能會以為某些事情做不到，是因為誰誰誰的才能不夠或技術方法不好。

這當然也是史書編著者使用的編著程式出了毛病。二十四史通常是這樣編著的：英明的皇帝聽了英明的建議，做了偉大的事業；不英明的皇帝聽了愚蠢的建議，做了愚蠢的事，導致國破家亡。它會給讀者留下錯誤的印象，以為任何事都是可以解決的。如果解決不了，那是因為領導人不夠英明，提出建議的顧問又心懷奸詐的想法；如果君明臣賢，本來沒有解決不了的問題，一切失敗都是由於昏君奸臣造成的。也就是說，換一個明君賢臣上去，問題就解決了，但這當然不是實際情況。

這世上完全屬於個人才能的事並不多。也許那些俄羅斯的數學家宅男是這一類人物，他們一輩子都癡癡的，外人看來是一個中年胖子或諸如此類不起眼的角色，但誰知道呢，他們的大腦或許正在論證幾十頁誰也論證不了的數學定理，所以他基本上沒有必要跟外人接觸。或是像莫札特這樣的人，五歲開始作曲，完全沉浸在音樂世界中，根本不在乎外面發生了什麼事。

但歷史和政治事物很明顯就是社會性的，不是取決於你自己，而是取決於你所在的那個社會環境。所以，它跟個人才能的關係是非常微小的。一般來說，都是時勢。如果你的所作所為符合你的時空位置，就能成功；不符合時空位置，就不能成功。

戴高樂想要復興偉大的法蘭西，但發現法國人只想給自己添幾臺電視機，於是憤而辭職，還說法國人真是一幫畜生。因為他是一個深受法蘭西偉大歷史教育薰陶出來的老派法國人，滿腦子都是聖女貞德和洛林十字架（Cross of Lorraine）的傳奇。

他在維琪法國（Vichy France）決定投降時，堅持要帶著為數不多的追隨者逃到英國去抗戰，正因為他大腦裡有一個法蘭西的光榮過往，但實際上這違反了大多數法國人的意志。這時的法蘭西，布朗熱（Georges Boulanger）將軍以後的法蘭西，第一次世界大戰以後的法蘭西，已經不再是聖路易（Saint Louis）和十字軍時代的法蘭西，沒有他想像的那種雄心壯志了。

其實邱吉爾也是一個有點過時的人。他永遠忘不了他是馬爾博羅公爵（Duke of Marlborough）的後代，要維護那個偉大的英格蘭，但工黨和福利國家的英格蘭已經不能容許他大展宏圖。

邱吉爾的冷戰演說，實際上也是一個失敗者的演說。只不過他處在文明中心，而我們處在文明邊緣，所以他雖然在他自己的生態位中是個失敗者，但在更邊緣的人看來，他已經足夠成功了。因此，這兩位仁兄作為悲劇人物的悲劇性都沒有充分表現出來。

戴高樂為了使法蘭西重新偉大而做的那些事，本該屬於一戰以前，甚至是布朗熱將軍以前的法蘭西。那時的法蘭西軍隊，充滿了《紅與黑》（*Le Rouge et le Noir*）主角那樣的小資階級和富農子弟。他們相信，再出一個拿破崙，透過解放歐洲的法蘭西軍隊就能名利雙收，既提高自己的社會地位，又能把先進的法蘭西文化和制度傳播到落後封建的中東歐。

但這條路能走通的最後時代就是一八七一年。在此之後，法蘭西的軍隊和公務員已經變成一幫領薪的官僚，為了獲得更好的待遇而工作。所以，布朗熱將軍想把自己變成一個小拿破崙時，他受到資產階級政治家的嘲笑，不得不狼狽出逃。他也傷心地發現，法蘭西變成一個小市民的國度，不再有雄心壯志了。

這其實也是一個季候問題。他們心目中的法蘭西是貴族的法蘭西，是參加十字軍東征的大貴族的法蘭西，是聖女貞德和英法百年戰爭的法蘭西，最後是路易十四和拿破崙的法蘭西。這個法蘭西在實行《拿破崙法典》（*Code Napoléon*）以後，大貴族的領地變成一系列小農的土地，而小農想透過節制生育和接受教育，把自己的兒子變成小公務員或國家批准的菸草專賣員，獲得安全、有保證的地位，這樣一個小資產階級的法蘭西是不再有雄心壯志的，這就是季候問題。

但法蘭西和英格蘭還是處在世界的中心，他們所謂的失敗者，在我們看來是成功者，很少有幾個東方人不認為戴高樂和邱吉爾是成功者。儘管從他們自己的角度來看，畢生事業有如流水，法蘭西和大英帝國的偉業都在他們手上化為泡影，但因為他們治下的人民依然享受著消費社會的富裕生活，所以對第三世界的人民來說，他們仍然像是成功者。

如果你問，他們怎樣才能成功呢？答案就是，他們要適應小資階級的市儈政治，把自己變成麥克唐納（James Ramsay MacDonald）、麥克馬洪（Patrice MacMahon）、居伊・摩勒（Guy Mollet）和密特朗（François Mitterrand）這樣的人物。

這些人物即使是在東方人看來，也不是什麼重要人物。他們的主要功能就是，改善手下的公務員、小幹部、各區委幹部的具體工作條件，完善社會福利制度，給兒童的餐桌送上香蕉，做這些婆婆媽媽的事。這些事符合消費社會和大眾民主的歷史潮流，所以他們雖然出身低微，也不懷著偉大夢想，但政治生涯卻相當成功。

戴高樂和邱吉爾本來是出身名門、想做出偉大事業的人，卻一再受挫；而那些人本來是在聖路易時代永遠不會有出頭機會的人，頂多是小資階級知識分子，甚至本來應該是被統治者，卻能做到首相和大臣的位置，這是他們的祖父一輩、更別說是更早的祖先所不能想像的。這就是季候問題，這就是我們所謂的民主時代。邱吉爾和戴高樂心中的英雄壯舉，並不符合民主時代的要求。

比如說，川普要使美國重新偉大，他之所以成功，就和雷根的成功一樣，都是因為美國的季候比歐洲更年輕一些。歐洲已經喪失雄心壯志，而美國的季候還是相當於歐洲十九世紀即將結束、一戰還沒來臨時。美國社會最大的創傷（例如越戰），與歐洲相比也只是如同布林戰爭給英國社會帶來的創傷。像一戰以後那種貴族階級全在戰爭中滅絕、社會菁英流血殆盡、全國年輕人口如在長平之戰消耗喪亡的浩劫，在美國人民心中還沒有一點印象。

所以，川普雖然也抱著類似的夢想，但他還能成功。他們的成敗都不是取決於個人才能，而是取決於他們的夢想跟他們所在的文明季候要正好能配合。

像尼克森和季辛吉這種人提倡的歐洲式、馬基維利式的政術，在戴高樂時代的法國其實是正好適合的，但在清教徒精神仍非常濃厚的美國卻不合適。而戴高樂終身都認為，美國沒有真正的政治；哪怕是衰落的歐洲，也才有真正的政治。在他們看來，美國那種清教徒道德感極強的政治，根本就是政治不成熟的體現。這實際上就是因為美國的季候比歐洲更年輕。

在失去力量、但充滿各種三十六計和政治經驗的老年人看來，擁有蠻力的年輕人總是魯莽的。如果這些年輕人有策略的話，他們的力量本來可以帶來更好的結果。而老年人雖然有這些策略，卻不再有力量了。這就是季候的因素。

如果你要獲得政治上的成功，無論你個人的偏愛是怎樣的，都不得不遷就時勢。馬爾博羅公爵是不會搞遺產稅的，但邱吉爾卻非搞遺產稅不可，因為遺產稅是適合大眾民主時代的社會民主主義措施，也是解決戰爭財政問題的一個重要途徑。雖然邱吉爾是一個保守黨人，一心想著他的祖先是馬爾博羅公爵，但他要打二戰，就得用民主時代的財政方法。而馬爾博羅公爵跟路易十四打仗時是不會採取這種做法的，這就是他不得不遷就時勢的結果。

你如果想要讓你的做法有成果，你就只能順水推舟，而不能夠一味地追求你想要的東西。你當然也可以一味地追求你想要的東西，但那樣的話你就最好不要參與現實政治，否則你的夢想會使你失敗。

中心和邊緣的因素很好理解：你在中心可以攪動邊緣，但在邊緣就不能攪動中心。蔣介石失敗的主要原因就是，他雖然生在世界體系的邊緣（這一點顯然不是他造成的，也不是他透過聰明或愚蠢的策略就能改變的，也跟他個人才能無關），但他一定不能接受這種地位。

培養出蔣介石的那個時代，當時的青年經常說他們取名字都要叫做克歐、克強、超百，一看就是梁啟超小說裡的人物。他爸媽給他取的名字一定不是這樣的，但他為了賣弄，用名字來體現自己的偉大理想，就是要取這種性質的名字。

這些名字體現的是這樣的理想：建立一個新中國、大中國，讓歐洲小國相形見絀，使這個大中國變成歷史中心，就像他們編造出來的中華民族史一樣。但這個理想本身就會毀滅他們，因為東亞自古以來就處在歷史邊緣，這個理想有如逆轉世界秩序，不可能實現。

從他們所在的環境來看，如果他們利用現有資源，採取別的途徑，例如像何鍵那樣，用少得多的資源走「湖湘尼亞」[2]的保境安民路線，本來是可以成功的；但他們一定要走復興大中華路線，同時去掐日本和蘇聯，結果雖然有比何鍵更多的資源，卻還是一敗塗地了。

他們如果懷有另一種理想，適當利用資源，在東亞建立一系列成功的拉美式小國，本來是能以成功者的身分載入史冊的。但他們企圖建立一個進入世界歷史中心的大國，把老本都輸光了。這都是無視時勢的後果。

什麼是成功？什麼是失敗？普魯塔克（Plutarch）說過一個經典的故事：保盧斯（Paulus）本來不是執政官，在當了兩年執政官以後又變成普通公民了，但沒有人說他

2 此為劉仲敬「諸夏」主張下所發明出來的民族名稱，即湖南。劉仲敬語境下的「諸夏」和「諸亞」，指東亞多國體系，而非編戶齊民的大一統體系。他認為，只有恢復類似春秋時期的多國體系，才能從根本上解決東亞地區目前面臨的諸多困境。他進而將諸夏作為一種政治主張，認為不僅臺灣、香港、東突厥、西藏、蒙古應該獨立，目前中華人民共和國內部的各地區也應該各自發明民族，以追求獨立建國。為此，劉仲敬依東亞各地的現狀，在二〇一六年發明出湖湘尼亞民族（湖南省全境）、昭武斯坦民族（甘肅省全境）等逾十七個民族。在劉仲敬的體系之下，這些民族的名稱和邊界只是預想的藍本之一，真實世界的民族發明是透過戰爭和現實政治塑造的。

是不幸的，因為羅馬的執政官本來就像美國總統一樣，做了以後就可以下臺；而馬其頓國王腓力做了幾十年，一旦做不成以後，大家就說他是不幸的，因為大家期待國王就是要做一輩子。

你可以說蔣介石是一個失敗者，因為他沒有達到目的。也就是說，一個人是失敗者還是成功者，主要看他實際上做成的事跟他的願望有多大的差別。你處在什麼樣的時勢當中，就給你能夠實現的目的加了上限和下限，你只能在這個不是很大的範圍內活動。你如果謹慎使用自己的資源，像老安德洛尼卡皇帝說的那樣，去追求你本來可以得到的目的，你多半就能獲得成功。

但這種成功其實也是很可憐的，因為你實際上必須根據現實情況來調整你的理想，而不是根據你的理想去調整現實。如果你只想要你喜歡的東西，而這東西多半跟現實能容許你做到的事不符，那麼你必然要失敗。梁啟超如果只做知識分子，他顯然是成功的，但他要客串當政治家，結果他的政治生涯從來都是失敗的。當然他也可以說，這是知其不可而為之。這世上的事，都是這樣的。

所以，當我談論諸夏時，我說蔣介石和宋教仁曾有的那種夢想，一開始就註定失敗。無論我喜歡什麼，我只能提供我預測能夠實現的東西。下限就是各路張獻忠造成的割據，上限就是各路張作霖造成的割據。你能做到的最好的事情就是把張作霖變成朴正熙，變成一個韓國式的前民主國家，給以後的民主國家打下基礎。這就是你能指望的最高成就。如果你的理想超過了這個限度，你必定失敗。而且你為了追求更好的東西，可能連張作霖和朴正熙都得不到，直截了當就落到張獻忠手裡。

但這根本就不能證明民族國家是我最喜歡的東西，我最喜歡的東西肯定是希臘式的城邦國家或歐洲式的封建體系。但這種東西就像蔣介石的理想一樣，也是根本不可能實現的，所以我只能拿來玩一玩。如果我要負責操作，或有人要負責操作而讓我參加的話，我一開始就根本不會採取我最喜歡、最想要的東西，而是會追求形勢發展上勉強還行的幾種途徑之中，相對較好的東西。

這就好比你給一個病人開藥方，你不能要他去執行牙買加飛人的健身計畫。你的病人明明是一個心臟病患，並不是奧運選手。奧運選手的健身計畫雖然非常厲害，但放在你這個病人身上，他根本沒辦法完成，還會讓他死得更快。你只能根據他的心臟病發展程度，制定一個令人喪氣、完全不能跟奧運選手訓練標準相提並論的健身計畫，但這個計畫卻最適合他的體質，他承擔得了，不會縮短壽命，在已經病得很厲害的情況下能稍微提高生活品質。

Q 阿姨說過，當共同的價值觀和穩定的聯盟不可能存在時，笑到最後的，總是聰明的摘果子之人，只有傻瓜才始終如一，不問收穫一直種樹。到底在什麼場合、體系、人物條件之下，選擇前者是對的，選擇後者是錯的？或是，選擇兩者總是錯的？

大體上講，在知識分子集團已經產生、世界進入戰國時代以後，積累時代就趕不上消費時代了。

文明的積累時代大部分是在部落時代和封建時代，這些時代存在於神話和傳說當中，由無數無名英雄組成。這時候的人還沒有知識分子的虛榮心，還沒有想要建功立業、變成路易十四那樣的偉大人物。等到追求明君賢相這種偉大理想出現時，揮霍者和消費者就出現了。

你要留名青史、獲得偉大成就，最容易做的就是動員國力，在短期內把幾十代祖先積累下來的財富和社會資源拿出來消費，就像拿破崙那樣遠征各國，獲得表面上的偉大成就，哪怕最後等著他的是滑鐵盧。

也有很多拿破崙沒有等到滑鐵盧，以一代明主的身分載入史冊。他們作為榜樣，激勵愈來愈多人，大家都不想像聖路易和懺悔者愛德華（Edward the Confessor）時代的明主那樣，不求個人榮華，只求種樹，而是想像拿破崙和路易十四那樣，摘下前人種好的果子，讓自己做偉大人物。

這個榜樣一旦開始這麼做，那麼拿破崙會生出俾斯麥，俾斯麥後面會有希特勒，整個遊戲沒辦法休止，直到被美國這樣的外力介入才勉強停住。希臘城邦的類似發展就是被羅馬這樣的外力制止的。

等到高級政治進入這個消費性階段以後，如果你單方面停下來，你就會變成吃虧的一方，接著成為失敗者被推到政治圈外，而願意做消費者的人便會取代你的位置。這樣的遊戲規則一路演化下去，即使你事先知道結果，也沒辦法中途改變。

這時，如果你還想積累，那就只能退到圈外，去一個不會被消費者和汲取者影響的地方。例如去美洲、巴西等其他地方。或是，如果要留在歐洲，你就要到政治圈以外，到其他還可以做積累和建設的地方，不求名利，積累你認為重要的社會資源，培養你認為重要的傳統。然後也許在幾百年後，在你看不到時，你埋下的種子會像是中世紀初期修道院埋下的種子一樣開花結果，但那時大家不會知道你是誰。這就像是文藝復興時期的名士，他們站在中世紀早期那些修道院的基礎之上，但非常鄙夷他們的祖先。

一般來說，願意積累的人，他的目的就是活動本身，無論像中世紀的修道士那樣，還是像你經常見到的一般母親那樣，抱著小孩就是因為覺得小孩很可愛。這並不是指望二十年以後從小孩身上套取紅利，因為當時她抱著小孩體驗到的那種可愛，對她來說已經是充分的報酬了，也只有這樣的人才能夠建設。想要享受名利、享受前人果子的人，是不能玩這種遊戲的。當然，這兩種人的比例消長，也是有其季候因素。

Q 溫和的中國主義者等於被征服者卻要民主，其實他們更依賴暴君。這種假民主實際上更希望強化獨裁權力，否則自己連狗糧都沒得吃，非餓死不可。他們是在為專制暴君的事業和目標做義務勞動或藍金黃[3]勞動，他們的民主就是實現權貴階級與被迫害者共同腐化和毀滅。對付這樣的人類內部害蟲，有什麼好的對策？

文明的冬天就是用來毀滅寄生蟲的。寄生蟲多了，自然沒什麼剩餘物資供他們浪費。搭便車的人太多了，剩餘的秩序就漸漸消耗殆盡，文明的季候就會進入嚴冬。嚴冬的用處就是凍死寄生蟲。在文明的嚴冬，像中世紀早期的歐洲，這時已經沒有保障普遍安全的帝國，沒有提供麵包的福利機器。不能勞動的人和不能保衛自己的人迅速滅亡，或是改變了原有的生活方式，重新拿起武器保衛自己，親手為自己勞動。這就是文明冬天的意義所在。真正能消滅寄生蟲的就是這種體制。

任何一個文明只要腐化到一定程度，都會引來自己的冬天，而冬天則是自動起到了消滅寄生蟲的作用。這個機制可以說是自動運作的，用不著任何人去主動干涉。主動干涉本身也是不起什麼作用的，因為文明末期的特點就是心口分離。你不可能喚醒一個裝睡的人，也就是說你不可能透過語言來教育寄生蟲改邪歸正。他如果願意改邪歸正，那當然是因為嚴冬已經來臨，他受到了非常實際的壓力。

當然，你可以提醒被寄生蟲剝削的人，不要相信那些嘴上說得多麼好、但實際上都是為了剝削你而設計的理論。要懂得維護自己的權利，不要把自己的善意拿給註定要辜負這些善意的人去惡意消費。如果你要行善，就要把機會留給那些符合你的價值觀、值得幫助的人。

---

3 藍金黃是中共搞滲透的手法。藍是控制網路，金是金錢收買，黃是利用女色。

Q 日本列島和朝鮮半島在古代比諸夏更偏離內亞的技術和秩序輸出，這是否意味著季候上的優勢？請問阿姨如何平衡「禮失求諸野」和「文明核心・邊緣」這兩種歷史觀的矛盾之處（遠離文明核心是利大於弊還是弊大於利）？

禮失求諸野的原因是邊緣地帶節奏慢。例如，城裡的時裝已經翻新了三年，但傳到了鄉下，鄉下人還覺得這是最新的時裝。單從時裝變化的速度就看得出來，假定某一個時代，巴黎是時裝的中心，那麼等到烏克蘭的婦女從各種管道了解巴黎「最新」的時裝時，這種時裝在巴黎早就落伍了。

孔子所謂的禮失求諸野，就是這個意思。孔子所在的時代是周公和傳統封建禮制在核心地帶開始崩解的時代，所以他才會不停哀歎理想中的時代正在消逝。求諸野的意思是，他心目中的理想禮制，在當時諸夏文明的邊緣地帶還保存得比較完整（例如他好幾次想要渡海前往的朝鮮半島）。

至於季候這個問題，只適用於單獨的文明，而不能只適用於文明的一個部分。例如朝鮮半島就很難說是一個單獨的文明，它可以說是處在諸夏的邊緣，所以禮失求諸野，孔子可以把它當成理想國度，保存了在諸夏已經瓦解的更古老時代的禮制。

但是日本就不行，因為日本是一個平行的體系，它的封建制度是以比較獨立的方式自己發展起來的，在當時還沒有出現，而且它從部落到封建的節奏，也跟大陸上的諸夏不一樣。

如果你要談季候，那麼它的單位只能是一個文明，不能是一個文明的某部分，這就好比你不能以武藏野為單位，說武藏野是不是比京都年輕，這是沒有意義的，因為它們是在同一個文明體系之內。

史賓格勒的季候只標出八種文明，實際上重點論述的也就只有兩種文明，他不會把每一個文明體系再切分成各個不同的部分。你可以說，日本比孔子所在的諸夏更年輕一些，因為諸夏的封建制度開始衰落時，日本的封建制度還沒有誕生。但朝鮮就不能這麼說了，因為朝鮮就是諸夏文明體系的邊緣；論季候的話，朝鮮只能是諸夏這個文明體系的一部分。可以比較諸夏和日本，也可以比較諸夏跟歐洲（或其他體系），但沒辦法把諸夏分成不同塊來比較，也沒辦法把日本切成不同塊來比較。

Q 根據阿姨解釋的文明季候週期，循著「由封建諸邦坍塌為集權帝國，再由集權帝國瓦解為流沙碎屑」的歷史脈絡，則兩河流域的第一個文明週期，無疑始於蘇美城邦，然後坍塌為阿卡德帝國（Akkadian Empire）。請問在蘇美城邦衰落的過程中，為什麼沒有一個城邦像秦國或摩揭陀國一樣出來收攏諸邦，反而是由北來的阿卡德人承擔了建立帝國的使命？還有，第一個完整的文明週期，是不是終結於阿卡德帝國覆滅？古提人（Gutian）滅亡阿卡德算不算一輪蠻族入侵？而阿卡德帝國滅亡後，從古提人的散漫統治、蘇美城邦的短暫復歸，再次聚變為烏爾第三王朝（Ur III）的崛起和覆滅，算不算第二輪週期，就像南北朝到隋唐一樣？

阿卡德人和蘇美人的關係，也就是俄羅斯人和歐洲人的關係；你既可以說俄羅斯人是歐洲人，也可以說不是歐洲人。阿卡德人在蘇美人當中是這樣的，馬其頓人跟希臘城邦之間、秦國跟關東六國之間的關係也是這樣的。

在蘇美城邦和多國體系衰落、走向帝國的過程中，最先產生的也是本土的烏魯克（Uruk）、烏爾這些強大的城邦。烏魯克人的霸權和所謂的烏爾王朝，其實跟齊桓公、晉文公沒有很大的不同。烏爾人被稱為王朝，是用以後追溯以前的方式說的，就好像明清時代的人把殷周兩代也稱為朝代一樣。實際上，烏爾人的政權跟烏爾城邦霸權的擴大化並沒有明顯區別。中央地區徹底糜爛後，外圍地區才逐漸興起。

阿卡德人是第一批邊緣地區半蘇美[4]的入侵者，然後一步步向外發展，最後發展到迦勒底人（Chaldea）。迦勒底人以後，雅利安人（Aryan）就不再能稱為蘇美人的嫡系了，就好像波斯人以後的入侵者，就不再能稱為埃及人的模仿者。

最初，像阿卡德人到迦勒底人那些邊緣的入侵者，他們的關係還像俄羅斯和歐洲、馬其頓和希臘、秦國和諸夏那樣，雖然不完全是自己人，但至少還分享了許多文化上的共同點，認同感還相當強烈。

但波斯人、雅利安人以後的入侵者，完全沒有認同感，把被征服者當作資源來運用。這個過程其實就是文明逐漸死去的過程。像一個人衰老時，生了重病還可以恢復過來，但健康程度已不如以前。

---

4 如果以蘇美人為圓心，那麼從中心到邊緣、再到外圍的順序是：蘇美人、阿卡德人、迦勒底人、雅利安人。跟雅利安人相比，阿卡德人更接近中心，所以能算作半個蘇美人。

天真的人會說，他是返老還童，文明是無限迴圈的。其實，第二次恢復已不如第一次元初狀態的文明強健，第三次恢復又比第二次更衰弱，終於有一天恢復不過來了。這就好比今天的埃及和伊拉克，都不再是古典時期的埃及和伊拉克，彼此已經沒有繼承關係。從鮮卑人的隋唐、遼金再到西洋，他們對傳統華夏的認同程度也是逐級下降的。

Q 世界現在看起來比較文明，但會不會逐漸回到野蠻時代？

我覺得很有可能。現在我愈來愈覺得，循環論或許還是有道理。

像歐洲這樣搞下去，可能將來就只剩下保守派的穆斯林，與保守派的基督徒。因為他們的生育率比較高，也比較好戰。比較文明而軟弱的人，一方面生育率比較低，即使不爭鬥，也會慢慢被淘汰。另一方面，他們可能也是經不住爭鬥的。說不定過了一段時間，世界的主流居民又會變成那種比較虔誠而野蠻的人。

Q 當一個國家被費拉化[5]之後，還有多少可逆的可能？

迄今為止沒有這樣的先例，就像人沒辦法返老還童。封建制度是部落的直接延續，所以處於人類文明的早期，還有儲蓄的能量；平等化以後，這個能量就漸漸減少，趨於消失了。平等化是一個重大關口，是文明進入晚期的主要標誌之一。

這需要一種文化上的創建，靠著吸收蠻族文化來創造新民族，就像羅馬不再復興，但透過其文化遺產和各地蠻族風俗結合而創造出許多新民族，這樣就能注入新血。你可以去發掘一下山越或苗瑤這些山地民族，他們可能還有積累得比較豐富的原始資源。

Q 近現代有沒有民主國家在沒有外力干涉的情況下退回到專制的例子？民主制自然發展，最終會變成什麼？

近現代的西方國家，實際上不存在沒有外力干涉這種情況；所有人都在不同情況、

5 費拉（英語Fellah，德語Fellache，源於阿拉伯語فلاح）指在古埃及文明沒落之後，依然在尼羅河領域耕作的農民。史賓格勒語境下的費拉，指的是衰退文明當中生命力枯竭的社會狀態。劉仲敬語境下的費拉，指的是無組織度的散沙順民。

不同程度上受到外力干涉。但如果把外力干涉擴大解釋成沒有直接占領首都、由占領軍成立傀儡政權，就可以算是不受外力干涉的話，那麼這種情況顯然是存在的。

深得人心的群眾領袖或軍事首領推翻原有的共和政體、建立專制，有兩個著名例子：拿破崙與希特勒，他們都是凱撒主義的典範。模仿拿破崙的人，前有布朗熱，後有戴高樂。

依照古典的政治邏輯，當民主自然發展，是會不斷透過暴民政治向僭主政治演化的。亞里斯多德就常說，君主制演會變成貴族，貴族演變成民主，民主演變成僭主。

Q 如何遏止腐敗？

你不可能單憑道德修養和精神建設來遏止腐敗，因為物質上的差距是明擺著的。唐代、北朝的世家子弟，他們可以不問薪水、免費做官，因為他家本來就有錢。他們做官就像英國貴族一樣，不是為了錢，而是為了實現某個政治目的。

但宋代科舉之後，就絕對不可能不考慮錢。除了讀書要花錢，為了從邊省赴京城考試，還得向親戚朋友借錢舉債。好不容易考上，有資格做官了，但你卻說不想做，那你怎麼向親戚朋友交代？他們可都指望你做了官以後，好好腐化一下，把貪汙的錢分一點給他們。當初資助你就是為了這個，你不腐敗就是對不起我。

什麼制度能不腐敗呢？只有兩種制度不腐敗：貴族政治與財閥政治。貴族本來就是不求錢的。而財閥是資本家，本來就有錢，像布希他們出來從政，都不是為了錢。他本來可以做董事長賺幾百萬，但做總統只賺個幾萬，圖什麼？人家頂多就是圖自己的政策得以執行，青史留名。

如果你本來就是無產階級，那你絕對不會代表人民。因為你好不容易脫離了無產階級，卻不好好整一整無產階級，給自己發一筆財，那簡直對不起自己。

你得承認，哪怕是在民主政治上，好比雅典，最有政治節操的是誰呢？像伯里克利（Pericles）家族，好幾代都從政，許多年都是雅典的世家。在羅馬，則是布魯圖斯（Brutus）家族。

在日本，麻生家族跟平民政治家就是不一樣。像田中角榮那樣的平民政治家，是以腐敗著名的。田中號稱平民宰相，但他生活不檢點，搞女人又腐敗。而麻生那種家族是不搞腐敗的。當年麻生想考公立大學，爸媽罵了他一頓，說你簡直混帳！公立大學是給誰上的？是給家裡沒錢的人上的。你又不缺錢，憑什麼去搶窮人子弟的飯碗？這就是貴族子弟的風格。

貴族制度不容易腐敗，愈平民愈容易腐敗。可以說，腐敗是一個文明退化的結果。當社會日益傾向民主化和平民化，與此同時，政治也就會愈來愈腐敗，社會則是愈來愈散、團結力愈來愈低，缺乏天然的領袖。最後散到一定程度，就抵擋不住比較野蠻、但比較團結的民族，於是歷史就要重新啟動了。

第三章 文明中心和邊緣

Q 文明的中心從肥沃新月地帶、希臘、羅馬、英格蘭，再到美國，為何一路向西遷移？這是偶然，還是有內在邏輯？

規律倒也不是沒有：當中心區由於激烈程度過高的戰爭和動員而毀滅時，正是蠻族和文明接觸的邊緣地區保留了最強的多元性。

美索不達米亞的邊緣地區就是後來的希臘、羅馬。從波斯人的角度來講，他們像是滿洲人攻占北京城一樣占領了巴比倫這樣的核心地區，而希臘人占據的都是邊緣地區。同樣地，在希臘文明成熟為羅馬帝國時，日爾曼人所在的地方也是邊緣地區。

原有的中心區過度燃燒時，正好是原有的邊區秩序足夠成熟、漸漸變成新中心的時代。當然前提是這上面提到的邊區本身就是豐饒之區，具備承載能力。如果是狹窄而無法展開的地區，那就不行。從西亞越過帕米爾高原向東亞移動的這條路線，可能就是先天資源匱乏。早在人類遷徙以前，東亞各種非人類動植物的生長豐饒度、物種多樣性和資源承載力，本來就低於印度和內亞，這從文明開始以後動植物馴化能力的相對差異就能看出來。

中東現在沙漠化很嚴重，原先波斯君王經常捕獵的獅子之類的生物都不存在了，但在第一代文明時期、甚至是中古時期，其物種多樣性是非常豐饒的。而東亞的情況則是，從內亞和東南亞輸入到東亞的第一代移民，他們能夠開發出來的物種都是相當單調的，老實說跟袁隆平開發的水稻品種差不多。

Q 人類發展的中心區域在哪裡？未來世界的中心區域會怎樣發展和變化？整個人類社會發展的動力是什麼？

中心和邊緣很好判斷，因為有非常明顯的客觀標準。這個標準可以列出幾項來，但這幾項都會指往同一個方向。因為它是觀察的現象，所以是歸納法的物件。

什麼地方是文明的中心？新秩序產生最多的地方。什麼地方是物種演化的中心？新物種產生最多的地方。秩序包括狹義的政治制度、經濟制度和純粹物質的技術和科學，這幾點指往的方向都是一致的。也就是說，假定某地是新技術產生的中心，幾乎不可避免它也會是政治秩序、經濟秩序和其他秩序產生的中心，沒有例外。歷史上沒有任何一個地區，在長達一百年的時間內偏離我上述的結論。

古代的中心，很清楚就是肥沃新月地帶、聖經歷史發生的那個地帶，也就是敘利亞、伊拉克、巴勒斯坦所在的那個新月形地帶。東起美索不達米亞，西到敘利亞、黎巴嫩、巴勒斯坦和地中海沿岸。這裡是歷史產生最早的地方，是小麥、馬車、輪子、車輛和金屬冶煉技術的家園。

第一代文明在這裡誕生，全世界所有其他的文明都是從這裡輻射出去、晚了幾千年才產生的第二代文明。然後這個中心隨著歷史演化逐步漂移，從地中海東岸蔓延到整個地中海，再移動到北海和大西洋，目前則是落在美國。

它的特徵簡單講就是多元化的政治體系，也就是有很多孵化器。孵化器愈多的地方，新東西產生得愈多。這種條件在政治上經常可以表現為自由民主，但也可以表現為希臘城邦或其他多元結構。

凡是存在多元結構的地方，都是一個生物學家所謂的漂變島。由於中心地區傾向壞死，漂變島便從中心向邊緣移動，體現於政治社會上，就是原先的多元結構逐步轉向惡性競爭，最終產生大一統帝國。

最古老的蘇美文明像希臘城邦一樣是高度多元的城邦，但在軍國主義政治手段愈來愈惡劣以後，一個城邦征服了其他城邦，烏爾帝國誕生了，但統一之後卻步向衰微，被蠻族征服，變成阿卡德帝國。從烏爾帝國到阿卡德帝國，就是蠻族征服與取代的過程。然後愈來愈多蠻族進入，文明就衰落了。希臘城邦也是如此，漸漸走上這條路。多元體系一旦變為統一體系，就會衰微。原先的邊緣地區因為仍具有多元性，導致文明中心向邊緣移動。

這是一個從紅海到藍海的滲透過程，例如很多種子在歐洲的小土地上施展不開，但到了美洲的廣闊土地上卻突然得以施展、茂盛起來。美國崛起的過程就是典型的例證。

在歐洲競爭不下去的清教徒和其他教派被拋到美洲，形成了現在的美國。這是生物種群演化下的標準現象：所有物種都有一個起源核心區（例如人類起源於東非），在這裡有最多的物種，邊緣區則有較少的物種，但核心區因為生態位元有限、物種太多，競爭壓力極大，因此一方面雖然有最多的產物，但另一方面也由於惡性競爭而趨於衰微，然後就從中心往邊緣移動。

什麼是藍海？藍海就是有巨大的資源（例如美洲新大陸），有亞里斯多德意義上的質料因，但缺乏形式因。質料因就像樂隊，形式因則像樂譜。樂隊需要樂譜，樂譜也需要樂隊。在最初的文明中心變成紅海以後，它還有很多形式因，但已經缺乏原材料了，然後原有的種子攜帶的DNA和藍圖，拋到了有大量原材料但缺乏藍圖的空曠地方去，迅速萌發起來，使文明中心遷移。

文明中心不斷從中心向邊緣遷移，從蘇美移到地中海東岸，誕生了兩希文明（希臘、希伯來），今天的西方文明就是兩希文明的直接後代。又從羅馬時代的環地中海地區，跨過阿爾卑斯山向北移至北海，再移往大西洋，最後到了今天的美國。

若要問現在符合這種文明孵化器條件的是誰，答案必然是愛沙尼亞或以色列那樣的小國。它們就像蘇美城邦、希臘城邦、文藝復興時期的義大利城邦、宗教改革時期的英格蘭和荷蘭，以及十九世紀的美洲一樣，在政治上不是很強，但高度開明，能容忍新思潮，以及各種很容易失敗的實驗。這種地方會有大量新思想產生，經過淘汰和失敗，其中一部分會變成未來的主人。現在的文明中心當然是美國，你只要計算什麼地方的新技術、新制度和新思想最多，那裡就是現在的文明中心，而東亞自古以來都是邊緣。

按照上述的方法，你可以算出相對的邊緣程度：按照同心圓模型，哪裡是最中心，哪裡是比較近的地方，哪裡是比較遠的地方。在古代世界，核心當然是肥沃新月地帶，伊朗是第一周邊，印度和內亞是第二周邊，東亞是第三周邊，印第安美洲和黑非洲是第四周邊，澳洲是第五周邊，塔斯馬尼亞是第六周邊，全世界的文明都在這六個層次當中。然後中心區按照我前面說的過程移動到今天的美國。印第安人的美洲完全成了西方的一部分，成為中心。而世界上大多數地區（包括今天的中國在內），它們現在所在的層次跟它們在蘇美時代所在的層次一模一樣。這種基本結構改變起來其實是非常困難的。

至於說什麼是歷史的動力，這個解釋方法有先驗的解釋和經驗的解釋。先驗的解釋就是，某些你理性不及的多重因素，與你理性所及的少數因素共同作用，造成這樣的現象。假設那些你理性不及的、比理性所及的少數因素更重要的巨大因素，全都出於同一個緣故，你可以把它稱為上帝（上帝可以有各種名字或各種說法，那是另外一回事）。若你認為，認知範圍之外的因素不比認知範圍之內的因素重要，或是雖然更重要，但它們是出於多元而不是一元，那麼按照通俗的講法，你是一個巫術信徒或多神教信徒。

這兩種信徒跟一神教信徒有何不同？第一，他們會認為，認知範圍之外的力量不一定比他能掌握的力量更強。第二，他認為這些力量來自於許多不同的來源而不是單一來源，彼此之間不一定有內在的合力。也就是說，他認為世界可能有很多地方性規則，但沒有統一規則。而一神論信徒主張世界只有一個規則，所有地方性規則都是這個規則衍生出來的次要規則，你看到的混亂背後有一個最根本的、獨一無二的秩序。如果你同意這個概念，那麼你實際上就是一神論者。

你完全可能被基督教會或伊斯蘭教會視為異端分子或自然神論者，但這是教會政治學的問題；從哲學意義上講，你確實是一神論者。

上面這些假設，是邏輯上和經驗上可能成立的幾種假設。也就是說，上帝創造了自然規律和世界，或世界根本沒有統一的規律，而是有邏輯上不一定相通的很多規律。僅可能有這兩種假設。

從經驗的角度來講，演化的動力就是各單位的博弈。各單位的來源和演化的規律，到底是地方性的還是獨一無二的，這不重要，因為演化系統不必在系統規律建立以後才運作，它可以直接解釋局部系統。局部系統的規則，如果你觀察到是這樣，那就是這樣。這個規則是在你沒有看到的其他系統中仍能發揮作用，或只是一個很淺薄的地方性規則，並不重要，這只是一個冗餘的假設。

按照演化論的觀點，世界是多層次博弈的產物，其中某些層次可以被稱為階級，有些層次可以被稱為個人，有些層次甚至比個人更小，是驅動個人、但只能占人格一部分的很多模因。這些層次構成一個錯綜複雜的巨網，佛教稱之為摩耶面紗。這個巨網有很多大節點和小節點，它們之間的相互作用造就了整個世界。

這些大節點和小節點是不是同一規律的產物，還是這些節點像螞蟻窩裡所有的螞蟻形成一個集體的、更高層次的智力，並不重要，因為這不影響層次本身。你只需要針對子系統做地方性規則的解釋就夠了，多餘的解釋對你的體系沒有必要。

第四章　左派和右派

Q 左派與右派如何區分？似乎各國的標準都不同。有沒有通用的標準？

只有自己人才會分左右。當你說某人是左派或右派，等於默認他們是一家人了。一家人對於問題有不同的偏向性才能分左右。

有些問題無關左右，而是兩個陌生的、甚至完全敵對的共同體之間的問題。這種情況你說它是左還是右，根本沒有意義。你得先把共同體和共同體之間的關係，以及共同體內部的關係，這兩者分清楚，分不清楚是很容易受騙的。

Q 不動產占主流的社會，是不是可以認定該社會未來的憲法結構趨於穩固？反過來說，流動性資產占主流的社會，是不是政治立場都偏左（自由派、激進）？美國哪些地區，不動產持有者的政治影響力最大？洛磯山地區（猶他州、蒙大拿州）的牧區算嗎？南部聖經帶算嗎？這些地區的憲法結構，會因為移民而影響其穩定性嗎？

金融家一般是左派勢力，從佛羅倫斯的時代和科林斯（Corinth）的時代，情況就是這樣。羅馬在其革命時期，金融家也是民主派的主要支持者。當時，地主是右派的主要支持者。這就說明流動性資產比起以土地為主的不動產，是一個更偏左的勢力。現在美國的情況很像是當時的羅馬，左派或自由主義的勢力跟紐約、華爾街是脫不了聯繫的，金錢起了左派的作用。

這大概是文明處在鼎盛期的現象。等文明越過了鼎盛期、開始走下坡，金錢、資本家就變成右派，赤裸裸的無產者變成左派。

文明衰弱與鼎盛時期的左右規律是不一樣的，文明起源時期大概也有不同的鬥爭規律，只是這個鬥爭規律連左右的名分都沒有了。

文明起源時期，也就是從部落剛進入定居的時期，這時右派或傳統派是武器、武力技術、祈禱文、咒語這些無形資產的持有者，有形資產的持有者和支持者則變成開明派或激進派，只不過這種鬥爭不會以左右的名義出現。

現在我們沒有把左派和右派的概念搞清楚，一方面是因為沒有把共同體內部的鬥爭、與共同體以外勢力的鬥爭區分開來，另一方面也是因為沒有把文明季候弄懂。尤其是因為美國的文明季候差不多處於巔峰期，而歐洲已經更加衰老了，中國則是文明、廢墟和殘渣餘孽，所以很多人會把美國的左右鬥爭規律套到更加衰老的文明結構上，於是就出現了很多誤解。

像美國這種金融家代表左派的現象，是羅馬共和末期和佛羅倫斯共和末期的現象，對於晚期的文明來說已經不適用了。晚期的文明已經沒有比資本家和自由主義者更右的勢力。美國視為左派勢力的東西，在他們那兒就不僅是右派，甚至是反動派了。

第五章　哲學

Q 希臘哲學的思辨傳統是哪裡來的？

希臘的思辨傳統大概跟印歐語言有關。印歐語言有一點像歐幾里德幾何，就是語言內部安置了像方程式一樣精確的各種邏輯關係。

相反地，你看一下方塊字和圖畫文字，無論是印第安人的方塊字，還是古蜀文字、古贛文字的方塊字，或是中國的甲骨文、小亞細亞和西亞地區那些最古老的方塊字，它們基本上都是鼓勵聯想，而不鼓勵精確的邏輯聯繫。

Q 自由意志主義、古典自由主義（以傅利曼、海耶克等為代表）的思想源流和未來前景，在阿姨的認知圖景裡處於什麼位置？

自由意志主義跟海耶克（Friedrich von Hayek）沒什麼關係，跟羅斯巴德（Murray Rothbard）有關係。傅利曼（Milton Friedman）可以說是古典經濟學、自由主義經濟學，但不能說是古典自由主義。古典自由主義和經濟學上的古典主義或自由主義，是兩個不同的概念。

海耶克的前期和後期是不一樣的。他早期其實也是歐洲的知識分子，他最後發現休謨（David Hume）和亞當．史密斯（Adam Smith）的傳統，那是以一個歐洲人的身分發現的。

英國人或盎格魯圈內部的人，很難有海耶克那樣的理論素養，或者該說經驗主義本身就是很難理論化。

自由意志主義是一個很走偏鋒的東西。羅斯巴德那批人在美國搞出來的，基本上是依賴流亡美國或美國遊士階級的一個小團體。

請阿姨講講英國經驗主義、法國理性主義和德國先驗主義之間的關係。

首先，希臘以來的哲學、形上學，不包括後人胡亂加上去的儒家哲學、東方哲學。哲學就是宗教和科學之間的東西，是愛智，是對世界可知性的認識和分析。無論你怎麼分析，這個基本盤是不動的。

直到休謨出現，揮舞大鐵錘對認識論敲下去，否認了世界的可知性，造成一場哲學大混亂。要不你就像貝克萊（George Berkeley）乾脆回歸基督教，用上帝來解決這個問題；要不就像康德，用先驗的方式來替代上帝，取代這個理性認識所不及的問題。

總之，經過休謨這一折騰，傳統的理性之路是走不通了，能走的路只剩這幾條：要不你回到宗教傳統；要不你用一種先驗式的東西來填補空缺；要不你就像休謨開闢的英美分析哲學傳統那樣，只講經驗，傳統形上學的「上」都不講；要不你就像康德以後叔本華開的那條路，只講感情和意志，把傳統講理性、認識的這部分也拋到一邊。

所以這實際上是休謨大鐵錘敲出來的分化：康德是針對休謨問題的一個回答，德國古典哲學是從康德衍生出來的，先驗主義則是德國古典哲學的產物。

當然這不是說，祖師爺劃分以後，末流之間就不能雜交了。例如奧地利學派，本質上是德國先驗主義在經濟學上的一個延伸，但海耶克後來又深受經驗主義的影響，所以他在奧派之中就成了一個異數。大多數奧派是純先驗的，而他則是受了休謨和達爾文的深刻影響，企圖把奧派的理論和蘇格蘭學派的理論融合起來。其實蘇格蘭學派是經驗派的，而奧派是先驗派的，但在海耶克手裡就變成一個混溶的體系了。

Q 如果給英國經驗主義的國家建構打一百分的話，法國理性主義、德國先驗主義、阿拉伯復興社會黨、國民黨式奧斯曼主義，以及蘇聯中國式列寧主義的國家建構分別能打多少分？為什麼？

理性主義和先驗主義各打五十分，因為它們可以彌補對方的弱點，但都不是完整的。阿拉伯復興社會黨和國民黨打負五十分。共產國際的列寧主義打負一百分。

這當然是按照組織度的正負來判斷。自己產生的自發秩序打一百分。國家和社會一分為二、自發秩序只能占一半的，就打五十分。不但不是自發秩序、還要破壞自發秩序的，當然要打負分。破壞力中等、還能偽裝成正常國家的半列寧主義者，打負五十分。徹底的列寧主義者，打負一百分。

Q 阿姨怎麼看待阿拉伯、印度的文化和哲學？我覺得他們的總體格局在西方和中華之間。

阿拉伯哲學和希臘與基督教的哲學是沒辦法拆開的，它們比較像是同一個主體當中的幾個不同階段，而不太像是不同的文化。畢竟三種亞伯拉罕系的宗教在基本教義上是相似的，而它們的哲學體系又是大量引用了希臘的成分，所以儘管基層信徒、政治組織鬥得很厲害，但在哲學家或隱士層面上，他們的交流非常頻繁，相近度大於歧義度。

印度有一個特殊之處。因為印度代表了印度、伊朗和歐洲這三個雅利安系的不同分支，所以它體現的其實是比阿拉伯人更早的一個體系。

Q 請阿姨講講祕傳哲學和科學的關係。

祕傳哲學和科學的關係很複雜，只用一兩句話是說不清楚的，但你大致上可以歸納出幾條線索。第一條線索是從印度通向中國（或說是東亞），中國和日本的密宗大體上是從印度來的。另一條路線則是從中亞而來，明代《本草綱目》裡面的很多藥典就是從伊斯蘭教世界引進的，在此之前，唐代很多的藥典則是從婆羅門和中亞的各種草藥、礦物中引進的。

再往前看，這些線索能不能跟巴比倫或更早的兩河文明初期聯繫起來，這個問題太大、太複雜了，不是幾句話就能說清楚的。但在歐洲和中東，情況則比較清楚，基督教、伊斯蘭教和猶太教的祕傳團體，彼此之間是相通的，儘管他們周圍的社會並不相通，甚至處在敵對狀態。

他們有自己的特殊語言，只有小團體內的人才懂。加入小團體，要像學徒出師一樣，掌握他們的祕傳語言。有了這個語言，開羅、亞歷山大的猶太人團體，或是科爾多瓦的猶太人團體、布拉格的猶太人團體，都能交流無礙了。

掌握了這種祕鑰去解讀他們的著作，才能把真正的意思搞清楚。否則光看表面，有獨角獸、森林、處女，還以為在編造童話，其實這些東西很可能織入了密碼。例如你把每一列、每一段的第一個字母摘下來，重新編成一個表，然後換算成數位，再換算成希伯來語或阿拉米語，這樣才能表達出重要的意思。

阿姨怎麼看尼采說的「上帝已死」，如何評價尼采對歐洲現代社會包括虛無主義在內的種種預言？

尼采並不是搞預言的人。他的心向著希臘，至多是向著文藝復興。他是向後看的人，並不關心未來。他的虛無主義是絕望的虛無主義。後人只是用自己的想像來解讀他，屬於郢書燕說的類型，不能說他真正有預言的企圖。

阿姨如何評價尼采？

尼采是一種動態的東西，沒有辦法停下來。你如果把它對應於某種狀態，首先它自己就站不住腳了。尼采需要在運動中來理解。

後現代主義本質上是一種解構性的東西，離開了它的物件就失去意義了。尼采這種東西有它非常具體的攻擊物件，它等於是一種異教對基督教進行的攻擊。我覺得，脫離了基督教文化的背景談論尼采是不大有意義的，你找不到一個適當的打擊物件，而尼采除了打擊以外基本上就沒別的東西了。

我覺得這有點像俄羅斯的基督教精神吧，缺了基督教正典那種建設性的東西，病態地發揚基督教的感情抒發。我覺得中國引進的情況也差不多是這樣，缺少中間某些建構性的東西，倒是先把解構性的東西給拉進來了。這個解構，沒有物件，就變成一種莫名其妙的語言遊戲。

Q 阿姨如何評價尼采的思想？

尼采主要是文學家，特別是詩人，而不是通常意義上的哲學家。他如果算是思想家，那大概是荷爾德林（Friedrich Hölderlin）那種類型，而不是歌德式思想家。荷爾德林式思想家依靠的是短暫、迅速的靈感產生的直覺，而不是依靠歌德那種淵博、涵蓋全世界所有的知識領域，尤其以古典義大利、希臘的知識為基礎的那種有結構的建築物。

尼采的思想有一部分是從叔本華來的，但更多來自於他對庸眾的恐懼。庸眾在他心中是萬惡之源。他使用「庸眾」這個概念，有點像是我使用「費拉」這個概念。

Q 阿姨提到尼采的虛無主義是一種「絕望的虛無主義」，這是針對「上帝已死」而說的嗎？但尼采對基督教極端厭惡，他的厭惡與絕望來自於對基督教信仰的失落嗎？

尼采是弱者，弱者的話你得從反面理解，不能從字義理解。他對世界的厭惡，是他厭惡自身軟弱的一個反向投射。例如他說，到女人那裡去不要忘記帶鞭子，其實他畢生是懼怕女人的。而一個真正具有唐璜性格的男人，不會說出這樣的話。

他說上帝已死，鼓吹強者的道德，把基督教看成奴隸的道德。膚淺之人看到他這樣說，以為他就是他自己宣揚的強者，甚至認為他是法西斯的鼻祖，但實際上恰好相反，他知道自己無論性格上、精神上和身體上，都是軟弱甚至是殘疾的。他把對自己的厭惡外在化了，並用文學語言加以闡述。

尼采的哲學是不成體系的，因為如果按照康德和希臘哲學家那種講體系、講邏輯的做法，他就搞不起來。按照康德之前的哲學規範，尼采的哲學不算哲學，只能算是詩歌或散文詩。從尼采以後，可說是默認了以理性為基礎的哲學，不再是唯一的哲學了。他開啟了叔本華和之後類似的一條路，也就是以感性為中心，把哲學變成文學的分支。

Q 尼采有很大的爭議，例如他到底屬於正典還是負典，請阿姨詳細解說尼采的哲學和他的深遠影響。

我看不出這有什麼爭議，尼采不可能屬於正典。如果正典的意思是指西方正典，那麼反基督教的勢力都不能算正典。僅憑這一點，就可以把尼采從正典排除。

還有很多細節也證明他不是正典。第一，他畢生都是純粹的知識分子，不像封建貴族、土豪、教會、法學家那樣能在身邊培養共同體。第二，他即使是在純粹知識分子的領域，在理論建構體系裡面，他的理論是解構性的。

尼采與其說是哲學家，不如說是文學家。他犀利而優美的文字，基本上都是對傳統的偽善或這個、那個進行解構和破壞。他就像魯迅一樣缺乏理論體系。說得苛刻一點，他是雜文家；說得好一點，他是一位優美的詩人。

他比較有體系的地方是從叔本華那裡學來的，基本上不是他的獨創。他能被認為是獨創的東西，是他像後來的門肯（H. L. Mencken）那樣，宛如一個偶像破壞者，撕破了原有社會的偽善，提供了很多清新空氣，但他的各種觀點其實是不連貫的。

唯意志論這一點，從哲學意義上來講是具有強烈解構性的，因為意志不可定義，無論是信仰還是理性，都可以用唯意志的方法廉價地解構。原先基督教神學的體系是強大複雜的，德國古典哲學以理性為基礎的體系也是強大複雜的，而唯意志論建立出來的體系基本上就是沒有體系，除了一些東方化、印度教哲學式的靈機一動、禪宗式的語錄以外，它產生不出體系式的東西。這是唯意志論自身的弱點所構成的。所以唯意志論的哲學家都很像文學家，叔本華是這樣，尼采是這樣，柏格森（Henri Bergson）也是這樣，他只能用比喻的方法來看問題。比喻對文學家來說是優秀的方法，但對哲學家而言卻很糟糕。從德國古典哲學的角度來看，尼采和他的門徒無疑是一種退化。

尼采在政治上的判斷，只能說是極其幼稚。他喜愛個性強烈、文藝復興時期那種有才能的專制君主。他極度討厭德國，所以希特勒對他的推崇基本上是郢書燕說的誤會。後來有很多人出於反希特勒的目的反對尼采，這要不是出於誤會，要不就是別有用心的扣帽子。

與尼采思想最接近的是希臘文明晚期和義大利文明晚期那些優秀的解構者，也就是像我剛才說的那樣，一個文明在麵包太多、足以長出麵包蟲時，產生了很多特立獨行的知識分子，但這些知識分子不是文明的建構者，而是消費者。

他們的特立獨行體現在什麼地方？就是憑著智慧，蔑視原有的社會常規。他們全都是個人英雄主義者，相信自己的才智和能力比幾千年積累下來的傳統要有價值。然而正是這個軟弱和腐敗的社會容許他特立獨行。這樣的人如果流落荒野，一秒鐘也生存不下來；他之所以能夠存在，是因為原有的社會對他如此溫和寬容。尼采崇拜的那些文藝復興時期的人和希臘時期的人，全都是這樣的角色。他要是沒有精神病，也會變成這種角色的。

他的精神病，跟他高度自戀和狂妄有直接關係。儘管所有的知識分子都極其自戀，但尼采的自戀超出了平均水準。自戀不是強大的象徵，而是軟弱的象徵。小孩在剛出生時都是高度自戀的，認為自己無所不能，想要什麼就能達到什麼。這個心理上的殘餘就是，如果某個大人想要害某個人，他會感到內疚。

這是一種兒童心理的遺留。兒童認為思想跟行動是沒有區別的，如果我想讓某個人死，他就真的會死；想讓某人好，他就會真的好。所以即使你長大以後，突然心裡有一個惡念，想讓某人倒楣，但卻感到內疚，那是因為你已經長出了佛洛伊德稱為「超我」的那種社會性道德，讓你覺得不應該害人。

你應該完全清楚，人的思想害不了人，只有行動才能害人。但你動了惡念，覺得內疚，為什麼？因為你還殘留著嬰兒期的那種想法，以為思想就有害人的能力。尼采的人格就像一個巨嬰，他就是這樣一個極度自戀的人。他的超人理論，實際上是自我的巨嬰特徵和外在社會互不配合而造成的挫折。

人格形成的過程就是，在你的自我投射遭到挫折以後重新調整。從小時候以為自己就是全世界，漸漸領悟到外在還有一個客觀世界是不由自己做主的，然後在與客觀世界互動的過程中發現了自我的邊界，形成了人格。

也就是說，你首先要踢到桌子，把腳踢疼了，才會恍然大悟：哎呀，原來桌子不是我身體的一部分，然後為了保護身體，以後不能隨便踢桌子了。等到長大以後在社會上碰撞，就像小時候跟物質世界碰撞一樣，不斷形成邊界，然後才能形成人格。

尼采對自己的才能極度自負，但在跟社會打交道的過程中又發現這種才能什麼也不值，是極端脆弱的。他解決這個問題的方法，不是像經驗主義者那樣透過調整邊界來形成人格，而是透過「中或最贏」（中國或成最大贏家）的方式來進行的，說白了就是自欺欺人：如果美國軍艦來到南海，這不是我輸了，而是說明美國人怕我，否則他怎麼會派軍艦來？也說明美國人已經沒牌可打，你看他派了幾十年前的老軍艦來，而不是趕緊在造船廠生產新軍艦，所以我又贏了。我永遠贏，中國永遠正確、永遠贏，無論你怎麼說都是贏。

尼采的超人哲學就是這種「中或最贏」的體現。他是脆弱、自戀的，在跟社會打交道的過程中不斷失敗、永遠失敗，但失敗了以後他不會像經驗主義者那樣調整自我邊界，而是告訴自己，我還是勝利者，錯誤的都是世界；我是超人，你們這個世界是不存在的。我每一次失敗都把自己原來那個思想泡沫放得更大一些，然後進一步躲在那個溫暖的泡沫中。在這個脆弱的肥皂泡中，我是超人，我是永遠勝利的。

但我之所以能把自己當成超人，是因為我住在精神病院裡。我一刻都離不開精神病院，因為一旦離開，就會痛苦地發現，原來我不但不是超人，還是人類當中最脆弱的。他本能地知道自己的脆弱，為此感到痛苦，然後作為一種心理補償，他恨自己，把對自己脆弱的仇恨轉化到文章裡，體現為超人對凡人的痛恨。

你看他那些文章，以為他把自己當成超人，把其他人當成凡人，他要歧視你這個弱者。其實恰好相反，他清楚體會到自己是弱者，如此仇恨自己，又拿自己沒辦法，所以一連串地痛罵。他罵的那些凡人是自己，超人也是自己。超人是他本來應該成為，但卻成為不了的那個自己，而可惡的凡人和庸人，則是他很不幸不得不做的那種人。他對自己的痛恨體現為自己的文學，然後你又把那種文學當成哲學。

尼采有一次在精神病院裡碰上一位生了病正在治療的女子，那位女子對他說：「尼采先生，我讀過你的書，我是這麼理解你的：你認為像我這樣多愁、像林黛玉一樣多病的人，在地球上就沒有生存的權利，是嗎？」尼采一聽到這個說法就極其痛苦地說：「哦！你不要這樣想，我也是病人呀！」

你把這件事和他抱住馬頭痛哭流涕地說「我可憐的受苦受難的兄弟啊」放在一起，就可以明白他的意思了。他是那種換一個環境，很可能就會變成《罪與罰》裡的那個大學生，抱住基督或聖母，痛苦地求告說「我是世上最大的罪人，我是世上最軟弱的人，如果你不救我，我沒法救我自己」的那種人。但他走了相反的路，就只有去抱住超人了。這就是他的心路歷程，其實不難理解。

Q 阿姨怎麼評價康德？

用圖解式的方法說，康德是用先驗來填補經驗所造成的空缺。更早的哲學家，也就是從希臘時代一直到休謨以前的所有哲學家，大體來講是以理性為本的。休謨的認識論在理性上面打了一個非常大的缺口，他的經驗論實際上導致了嚴重的不可知論，摧毀了根據認識論建立哲學的可能性。

要在休謨以後重新建立哲學，要不就是像貝克萊那樣，在承認不可知的前提下，用上帝的無所不能來填補空間，回到基督教的路線上；要不就是像康德一樣，用先驗來填補經驗的空缺，強調先天知識（例如人類對時空的認識的存在），以此為基礎建立新的哲學體系，這樣就可以迴避因為休謨的破壞工作所出現的問題。

Q 阿姨怎麼評價海德格？

我對他不太感興趣，我覺得他是一個衰退傳統的一部分。不是說他在技術上不周密，而是說他把哲學引到了一種危險的方向。我覺得，是他這種人開啟了通向後現代主義的道路，至少也是提供了一種預備性條件。就像國民黨為共產黨提供預備性條件，儘管國民黨本身可能是反共的。

我關心的是海德格的周邊影響，一種生態性的影響。他在哲學圈裡面是有路徑和生態性影響的。我覺得他的路徑非常危險，但他這個人是好是壞，我就不感興趣了。

我覺得他不是必要的，而是一種逐步後退的末流。從康德到胡塞爾（Edmund Husserl）、海德格，再到海德格以後，體現的是一種末流化甚至是禪宗化的路線。對我來說，這是一個歧視鏈的問題。

例如，我就認為傅柯（Michel Foucault）在歧視鏈上占的位置應該比德希達（Jacques Derrida）更高，但肯定比海德格占的位置更低。但在我看來，海德格所代表的那個等級已經是相對太低了，不是什麼值得取法的東西。要我取法的話，我肯定會退到更早的時間，退到康德甚至康德以前的時間去。海德格的世界是一個天花板非常低、給人強烈窒息感的世界。

康德以後的人本化、謝林（F. W. J. Schelling）以後的異教化結合在海德格個人身上了，他是存在主義真正的集大成者。而人本化和異教化的極致，也意味著從他以後，哲學本身變成一種不大具有分析意義的東西。海德格的著作《林中路》（*Holzwege*），實際上把哲學問題重新引回了語言問題。越過語言問題這個迷宮，背後的哲學就不再是理性的一部分了。

Q 阿姨怎麼看待近代哲學的語言轉向，又如何評價當代英美分析哲學？

語言哲學也是對理性傳統的背離，但是方向不一樣，不是指人本主義的方向，而是幾乎把哲學變成了自然科學的一個分支。因此在它的背景之下，現在的形上學已經完全背離了原先的狀態。基本上，語言哲學不考慮從希臘時代開始一直被認為是哲學核心問題的認識論概念了。

當代的英美分析哲學，從某種意義上講，是一種學術麥卡錫主義的結果，是英美傳統強行排斥了大陸傳統產生的後果。

Q 中國引進的主要幾個西方負典是？

馬克思主義、後現代主義、精神分析學派。負典就是解構的意思，解構個人責任的虛擬和人格完整的建構。

Q 請說說不同方向對理性傳統的背離。該傳統如今還有哪種形式的延續？

希臘以來的哲學傳統，經過笛卡爾和康德，一直是以理性為主，由認識論構成哲學問題的核心。休謨和貝克萊則引到另一個方向，就是我們現在所說的經驗主義傳統。

古典哲學本身又往兩個方向退化。一條路是叔本華、尼采和柏格森的唯意志論，放棄理性本身的問題，以感情和意志為本，等於是轉移了哲學的主要線路。另一條路就是存在主義的道路，透過人本主義逐步發展到解構主義。

Q 阿姨怎麼評價傅柯和他的理論？

傅柯是一個典型的負典經營者，或說是負典發明家，他所做的一切都是出於解構的需要。你首先要掌握這個基本盤，然後才能掌握其他的東西。

他最核心的東西，從歷史的角度來看是完全站不住腳的，例如他那些關於瘋癲的理論、愚人船流放、十九世紀的社會監控體系，這些從史學的角度來講根本靠不住。

愚人船就說明他根本不了解中世紀的社會情況。有很多專業歷史學家跳出來說，他把史料給解讀反了。這不影響他的理論大局，但也說明他對中世紀社會分歧度的了解還不夠深。在中世紀，不可能有比較現代的那種成潮流、成建制的對普通人的活動，基本上都是各個小共同體根據自己一時一地的需要來處理。

Q 古希臘哲學是以本體論、認識論為核心展開，那麼印度哲學的核心是什麼？現在一般是用西哲典範去解讀印度哲學，是否歧路亡羊？您曾說基督教與希臘哲學結合，產生了中世紀的基督教神學。假如基督教無緣接觸希臘哲學，而是與印度哲學因緣偶合，則可能演化出何種結構的基督教神學？這種基督教神學，上帝「現身說法」的形態會有所不同嗎？

哲學本就是一種純粹西方的概念。按希臘對哲學的定義，西方以外是沒有哲學的。

如果基督教進入印度文化區，那很可能就像德國浪漫主義者設想的那樣，製造出一個具象化的中世紀圖景[6]，把吐蕃和印度的佛教區變成一種類似日本中古時期、戰國時期的封建結構。這種結合很可能會使印度的佛教區像是日本和吐蕃的佛教區一樣，抵抗力大大增強，變得很難被伊斯蘭教或婆羅門教侵襲。

---

6 德國浪漫主義者對中世紀的看法充滿了理想化和浪漫化的色彩。他們將中世紀視為一種精神和文化的理想狀態，認為這是一個團結的、有機的社會，在宗教信仰、藝術和文化上都具有深刻意義。作者在這裡認為，如果基督教進入印度文化區，就會在一定程度上實現德國浪漫主義者心目中的中世紀圖景。

Q 阿姨怎麼看這段敘述：我們可以用洞穴來比喻地球上的每一種文明，所有人都出生在這洞穴之中，柏拉圖認為哲學的使命就是要找到鑽出洞穴、通往外界的方法，這也是現代化的初衷。舊保守主義者會認為居住在自己的洞穴就是最好的生活方式，不必有任何改變。左翼多元文化會認為自己居住的洞穴最差，其他洞穴都比自己的好。後現代主義則認為不必去尋找通往外界的道路，應該繼續往地底發展。洞穴裡的光影被人認為有神祕意義，而人只有走出洞穴，才能真正見識日月星辰。嚴格來講，所有文明都未走出洞穴，只是西方文明有基督教指引，所以離洞穴最近，而非洲文明的問題在於，他們根本不想知道外面的世界，留在自己的洞穴就已經很滿足。

柏拉圖可不是這個意思，他的意思是講人類認知能力有限。我們就像是被鎖在洞穴裡的野人，看不見背後洞穴以外的廣大世界，只有陽光從背後照進來，把外界的一些模糊影子投影在面前的牆上。我們沒辦法像是沒有鎖鏈的人，轉身爬到洞穴外，從正面看看廣大的世界。只能依靠這些間接、狹小的投影痕跡，來推測那個直接、廣大的世界。後來康德的「人類無法認識物自體」概念，就是從洞穴寓言延伸出去的。實際上，整個古典哲學都是從柏拉圖這個概念延伸出去的。這跟各文明的不同特點無關。

從哲學的角度來講，任何文明對世界的認知都是不完整的。也就是說，所有人都是在洞穴之中。人和人之間、文明和文明之間那點微不足道的差別，在人類全體對世界的巨大無知與無法克服的局限面前，是不必計算的。歷史學家所關心的這點雞毛蒜皮的差異，在哲學家看來是可以略過不提的。

Q 電車難題提出，你可以主動撞死一個人來救另外五個人，或什麼都不做讓五個人去死。阿姨能講講您的看法嗎？

我覺得最正確的辦法就是，把編出這種毫無意義詭辯的人掛在路燈上。

這問題根本就不是問題。有些人的生死是在你的責任範圍內，有些人的生死則不在你的責任範圍內，或有其他具體的責任人，或純屬天命的問題。如果連這一點都分不清楚，那是連起碼的健全常識都沒有了。

什麼是理性？

到底理性是一種內在的、自相一致的東西，或只是歷史經驗所產生的一個邊界條件，這是很難說的。我傾向認為是後者。

也許理性不是一個整體上的東西，而是巨大的、你沒有意識到的、代代相傳的歷史經驗給你鋪平的一個道路中間所劃出的一條邊界線。

這條邊界之所以能劃在這兒，是因為歷史經驗剛好推進到這一步。如果歷史經驗沒有推進到這一步，那麼理性的邊界就要劃在另一個位置上了。而且隨著歷史經驗的演變，這條邊界也可能不是固定的，而是不斷演變的。

畢達哥拉斯（Protagoras）的「人是萬物尺度」和笛卡爾的「我思故我在」，在各自的文明季候中，是否都發揮了解構原有古老宗教體系的人本主義功能？畢達哥拉斯的思想在當時未經過唯理主義的淬鍊，是否更容易走向虛無主義？

人本主義衝擊原有的宗教體系，在希臘是蘇格拉底和智者派時代發生的。蘇格拉底之所以反對智者派，而虔信古老宗教和城邦傳統、不太動腦的民主派政治家，之所以認為蘇格拉底腐蝕青年，都是因為這個。

笛卡爾和理性主義思潮在歐洲啟蒙運動中的地位，從季候的角度來講，實際上是更早一些。前者是解構季節以後的事，解構的任務在當時已經發生了；而笛卡爾所在的那個時代，則是解構剛開始的啟蒙運動，是處在解構初期的季候。

Q 在西方邏輯學中，黑格爾的邏輯學是個異類，一直被主流排斥，他的邏輯學要表達什麼？「絕對理念」是否就是上帝在他體系中的哲學投影？

「絕對理念」不是黑格爾的創設，實際上是康德類似觀念的一個轉換。整個德國古典哲學的基本觀點，都是從康德那裡來的。就康德而言，他那種觀點確實是上帝的去神化。無所不能、無所不知的上帝在去除神格以後，就變成被康德視為頭上星空一樣絕對的理性和道德律了。

黑格爾那種「世界精神」或「絕對理念」之類的東西，就是教科書上稱為「客觀唯心主義」的那個「客觀」。之所以是「客觀」的，就是因為它繼承了基督教的上帝。上帝是本來就存在、自有的，所以是先於物質世界、比物質世界更可靠的一個基礎。去除神格以後，就變成德國古典哲學描寫的那樣。

Q 一般認為黑格爾是德國古典哲學的頂峰，但海德格認為謝林才是頂峰，阿姨如何判斷？以德國古典哲學為代表的西方近代理想主義，一旦走到這種頂峰，是否物極必反，註定要轉向叔本華式的意志主義路徑？

當然都不是。古典哲學的高峰，眾望所歸是康德。在德語世界之外，大家都是只認康德的。黑格爾也好，謝林也好，都是只有講德語的人才有點重視。兩者相比，黑格爾又比謝林要重要一點。

世界性的哲學家和古典哲學真正的代表就是康德，也只有康德才能夠用先驗的方法來回答被休謨破壞的認識論的悖論。如果沒有康德，那麼在休謨和貝克萊以後就不會再有哲學了。

但康德太完美了，也就沒有給你留下什麼餘地，實際上你只要注釋康德就行了。所謂「天不生孔子，萬古如長夜」，這話放在孔子身上並不合適，但放在康德身上就非常合適。如果你真要嚴守理性的途徑，那你只能給康德做注釋。

黑格爾繼承德國古典哲學，實際上是往玄學方向走。謝林發展德國古典哲學，實際上是往浪漫派方向走。黑格爾的那一套，還繼承了康德那種把上帝改成客觀理性的做法，所以他的思想當中，屬於去上帝化的基督教傳統痕跡仍然是很深的。

到了謝林那一代，他就不僅是一個去上帝的基督教傳統了，他是去上帝再加去基督教，留下來的空缺就由基督教以前條頓人（Teutonen）的那些多神教世界來填補，於是他就成了浪漫派鼻祖。

浪漫派的思想內核，根本上講就是對基督教經院感到不滿，企圖退到基督教以前那個充滿了水精、土精、山精的世界。那是一個《格林童話》和《培爾．金特》（*Peer Gynt*）的世界。

在沒有基督教以前，實際上是既有精靈古怪、優美、像藍精靈一樣可愛的一面，又有極其血腥殘酷的一面，只是後來傳播給大眾，就只強調藍精靈那一面，沒有強調殘酷暴力那一面，僅此而已。

海德格強調謝林，恰好就是因為他思想上的非基督教性質。海德格是德國傳統中的東方人。浪漫派透過反基督教來開啟前基督教的異教世界，也使德國思想向東方開放，特別是向印度開放。德國浪漫派的另一個巨匠施萊格爾（Karl Wilhelm Friedrich Schlegel）是梵學研究或印度研究的鼻祖，一點都不是偶然。海德格思想的東方成分也是眾所周知的。

Q 黑格爾在《哲學史講演錄》（*Lectures on the History of Philosophy*）中說：「哲學體系在歷史中的次序，同理念的邏輯規定在推演中的次序是相同的。」請問德國哲學自斯賓諾莎（Baruch de Spinoza）、萊布尼茨（Gottfried Wilhelm Leibniz）直到叔本華之後的體系展開，是否就是在多出了一層基督教神學觀念的基礎上，大體重複了古典希臘哲學史自巴門尼德（Parmenides）以後直到希臘化時代的演化路線？在兩希會融的西方文明史上，同為西方理性主義之花的德國哲學與古希臘哲學，兩者有何互補之處？

康德以後的西方哲學確實有點像是希臘化時代的希臘哲學，也就是走了一條渙散的、放棄理性的道路。因為理性本身可以窮盡的層次已經被窮盡了，所以他們轉而走向玄學，因為這個領域還有可以開發的餘地。

真要比天花板，還是歐洲的天花板比希臘的高。但歐洲的天花板也不是簡單地重新開始，它是在融合兩希的基礎上，也就是在兩希搭成的這個拱頂之上重新開始了歐洲，一開始就具備了基督教神學所吸納的希臘哲學。

Q 在德意志哲學的譜系中，費希特的哲學與康德哲學的關係，是否可以類比於宋明道統裡面王陽明心學與朱熹理學的關係？費希特的「自我」概念對康德客觀理性的轉換，是否類似於王陽明「良知」對朱子「天理」的轉換？後來的叔本華、尼采哲學的負典效應，相對於費希特哲學，又是否類似於王學末流之於王學？

黑格爾和費希特（Johann Gottlieb Fichte）都算是康德的繼承人，但叔本華在任何意義上都不能算是康德或德國古典哲學任何一家的繼承人，他只能說是一個另起爐灶的角色。

叔本華的唯意志論在以前的哲學當中是不存在的。在他的眼中，基本上沒有理性的地位。從古希臘以來的傳統哲學觀念來看，叔本華和他所有的繼承人，都沒有資格算是哲學。

從受印度影響這方面來看，叔本華倒是跟王陽明有那麼百分之零點幾的相似之處。而在德國哲學當中，根本沒有相當於程朱對立和陸王對立的那種格局。

Q 史賓格勒與羅莎·盧森堡的決定論、歷史觀有什麼具體差異？

他們基本上沒有任何關係，而且盧森堡（Rosa Luxemburg）也不是什麼決定論者。屬於她那一派的人如果還能算是思想家，那麼當任何人說他們是決定論者時，他們都會堅決反對。他們會說，決定論是機械的，跟他們的哲學傳統不相合。

第二國際一系的人，如果還有一種可以稱為思想的東西，那就是列寧所譴責的修正主義，其主要特點就是把資本主義在歐洲沒有崩潰的理由推到世界上。

也就是說，由於世界體系的存在，歐洲的工人階級在一定程度上變成了剝削階級，透過歐洲和世界對立，緩解了歐洲內部資本家和工人階級對立的矛盾。這種解釋方法也就是後來列寧主義逆向運用、替代馬克思主義的解釋方法，但這方面的理論創新跟盧森堡基本上沒有關係。

盧森堡從任何意義上講都不算是思想家。她這一生要不是行動家，就是政論家，流傳下來的所有文字都沒有超出政論的水準。考茨基（Karl Kautsky）、托洛茨基（Lev Davidovich Trotsky）和列寧都比她更像思想家。

後來有些人把她捧成思想家，是因為她反對列寧和布爾什維克搞一黨制。但反對的理由是非常資產階級、稀鬆平常的，也就是任何一個小民都知道的理由，沒什麼獨到之處。而且列寧有理由認為她這個理論完全是書生之見。

簡單說，如果執行了她的理論，十月革命就根本不會發生，而且發生了以後，布爾什維克政權也無法維持。

如果列寧真的願意接受這套理由，他一開始就不會做；既然做了，那就只能一不做二不休，根本不是理論問題，而是現實政治問題了。現實的需要比任何理論都強，論證都是多餘的。你只能先為了維持生存、爭取勝利做了不得不做的事，再另外找一些文人，提出一些站得住腳或站不住腳的理由。

Q 維科在《新科學》（*La Scienza Nuova*）裡把歷史分為神的時代、英雄時代和平民時代。這種劃分和史賓格勒的觀點是否精神相通？若有，又有何差異？

歷史哲學都有彼此共通的地方，你說的這些其實是古今歷史哲學的共同點，它可以直接往回追溯到西塞羅（Marcus Tullius Cicero）以及盧克萊修（Titus Lucretius Carus）的時代。

維科（Giovanni Battista Vico）的劃分邏輯，跟他生在古典精神復興的時代有密切關係。神的時代、英雄時代和平民時代，是從希臘人思想中的「從黃金時代到黑鐵時代」演化來的，一直發展到盧克萊修提出的人類社會普遍演化論，和哲學家波愛修斯（Boëthius）在《哲學的慰藉》（*De consolatione philosophiae*）提出的政體退化論，後來基督教在聖奧古斯丁（Saint Augustine）的《上帝之城》（*De Civitate Dei*）當中加入了神意秩序論，結果發展到波舒哀（Jacques-Bénigne Bossuet）提出在神意指導之下的世界歷史四大階段。

後來的歷史哲學，雖然有些是反基督教或主張多元文化（史賓格勒就是這一類），但他們的基本框架其實早就定下來了。

Q 霍布斯是怎麼思考的？他所描述的社會退回到自然狀態，是所有人對所有人的戰爭，所以他主張主權強大的「利維坦」（Leviathan）。阿姨認為，吏治國家是最後的組織資源；一旦解體，社會就會瓦解為阿米巴狀態。吏治國家是社會最大的詛咒，也是唯一的救星。吏治國家是最後一道符咒，將無政府狀態禁錮在膽瓶之中。請問這兩種說法形容的社會狀態是一致的嗎？

霍布斯（Thomas Hobbes）描寫的那種前提是不存在的；也就是說，沒有一個達成契約以前的原始狀態。原始狀態的人類並不是孤立的個人，可以跟抽象的國家達成協議，而是有很多小部落，可能不視彼此為人，而是把對方視為野獸或動物。但小團體、部落內部的紐帶是非常強固的，基本上沒有哪個部落成員可以想像，自己脫離部落還能生存得下去。

部落巫師如果要詛咒某人，就是讓多數部落成員跟那個人斷絕關係。被詛咒的人基本上是活不下去的，因為在原始狀態下，孤立的個人不可能生存。

霍布斯討厭的狀態，針對的其實是英國內戰時期的那種動亂。他所設計出來的那種國家，很神奇地和克倫威爾（Oliver Cromwell）設計的那個國家有些神似，只是要去除掉它的神學性質。

他厭惡各種神學論證，認為一個好的契約國家要能保證人民生命財產的安全。能承擔這個義務的國家，我們就應該承認它的統治；如果這個國家保護不了我們，就不應該承認它的統治。雙方等於是一個明碼實價的交易。

對比較虔誠、傳統的人來說，這個想法根本大逆不道。一個純粹建立在理性基礎上的社會契約，以基督教傳統來看是危險、不敬神明的。保守來看，把人類的理智想得這麼完美，把契約想得這麼可靠，也是很危險的。

但霍布斯這麼說有其時代背景。他認為，各教派神學家動不動就要把原則推到亞當和夏娃的時代，有爭論又永遠不能達成協議；與其討論那些莫名其妙的玄虛，還不如討論抓得住的可靠東西，那就是生命和財產的權利，把契約建立在這個基本權利之上，一切就會很完美了。

當然這是一種理想狀態。這種理想契約就像歐幾里得數學裡那些沒有面積的點、沒有寬度的線，理論上存在，現實中卻不存在，只是一種思想實驗。

Q 阿姨怎麼看待必然性和自由之間的關係？

這是一個定義混亂的問題。何謂哲學上的自由意志是另外一回事，我講的一般是指政治意義上的自由。政治意義上的自由就是，權威的中心不限於一，可以選擇的權威數量愈多，你的自由度就愈大。

必然性這個詞在政治意義上等於零，沒有必要引進來。歷史意義上的必然性是指，歷史發展的各種路徑是有收斂性的，它應該透過一系列負反饋指往一個固定的方向，但真實的歷史是正回饋和負反饋都有的。只有在節點和節點之間存在著收斂性的發展趨勢，實際上越過節點以後偏離會愈來愈大。

舉例來說，你在高考時選了文科，而沒有選理科，或是選了理科，而沒有選文科，那麼這就是你的一個節點，然後這個節點會對你的下一個節點產生巨大的影響，使你偏離得更遠。如果你選的是理科，那麼你畢業之後更有可能會選擇偏理科的職業，離本來做文科生的可能性愈來愈遠。接著你結婚時又由於生活環境的緣故，更有可能娶理科生，於是離原來那個可能的文科生又更遠了。這一系列路徑一旦分叉了以後就會愈偏愈遠，所以不具有收斂性。

第六章　法學

各國有可能恢復多元司法體系嗎？若有可能，將對三權分立有何影響？

三權分立和多元司法體系不是矛盾的，三權分立就是對多元司法的一個整頓。在孟德斯鳩提出三權分立的時代，法蘭西王國也不是只有三權。在他擔任法官的法國，就同時存在多種不同的司法體系。所以認真說來，絕不是只有三權。三權分立體系只是多元司法體系的一個適當的概括。

現代歐洲國家的多元性仍相當強。賀衛方講過，他去德國考察，發現其司法體系比中國多元。中國只有一個司法體系，德國仍有很多司法體系。為什麼？因為德國繼承了中世紀以來多元司法體系的遺產。所以在某種意義上，多元司法體系至少在廣義的西方範圍內仍是活著的。而且，恢復這種體系也沒有什麼不正常的地方。不同司法體系的競爭，是促使司法改良的重要因素。這一點，我想在現代社會和未來社會都不會過時。

在一個極端自由資本主義的理想模型中，私人開辦法院應該值得鼓勵。這不是一個烏托邦，歷史上曾有實例，而且效果相當好，並不像有些人想的那樣會搞得天下大亂。

如果自由資本主義的競爭並不會使企業競相往客戶的麵包裡下毒，而是恰好相反，會使他們為了爭取客戶而讓麵包更好吃，那麼我們就沒有理由假定，多元的、甚至是私人的司法體系會故意坑他們的客戶。

你想想，資本家是因為中央管制才維持品質嗎？還是因為自由競爭、為了爭取更多客戶而自動提高品質？答案當然是後者。那麼你也可以合理假定，多元司法條件下以盈利為目的的司法團體，也有同樣的動機改進司法品質，而用不著有一個中央集權當局來強制他們這麼做。

Q 美國法學院現在有沒有被左右意識形態把持？

法學家的學派不能單純用左右來評價，像霍姆斯（Oliver Wendell Holmes, Jr.）大法官這種人，你很難說他是左派或右派。只有一派算是貨真價實的左派，就是新馬克思主義者或批判學派。他們一半像法學家，但恐怕另一半更接近歷史學家。

歷史學一向比法學更是左派重災區。歷史學家之中算是右派的，放在法學家之中也多半可以算是左派了。像霍維茨（Morton Horwitz）這種人，他寫出來的東西大體上就像是《美國憲法的經濟觀》（*An Economic Interpretation of the Constitution of the United States*）那種東西，論證大地主、大資產階級如何操縱了美國憲法結構。這一派如果有總部，那應該就是喬治城大學，但這樣的概括是有點太武斷了。

Q 司法獨立對於文明（特別是英美文明）的重要性體現在哪裡？兩河流域和希臘羅馬為什麼沒有司法獨立？

司法獨立其實是指，強勢的行政國家誕生以後，弱勢的司法機構要避免強勢行政國家的干涉。那已經是官僚國家出現後的事了。對自治的共同體來說，司法本身就是它唯一的，至少也是主要的統治。

早期日爾曼人的地方事務（例如郡一級，更別說是鄉鎮一級），其實都是司法事務。郡法庭就是郡議會。英格蘭國王可能還有一些行政軍事事務，而地方團體、基層共同體的所有事務都是司法事務。

只有在政治層級變得過於複雜、早期日爾曼人那種直接民主已經行不通、必須由代理人來管理國事時，才會存在行政和司法的區分，以及專業司法人員作為被動機構要避免被主動的行政機構壓制的問題。在所有成年男子都是郡法院的當然陪審員、一生至少當過幾次陪審員或郡議員（兩者是同一回事）的情況下，這樣的區分是不必要的。

Q 十九世紀末、二十世紀初盛極一時的「社會法學派」，是適應了歐洲民族國家體制而產生的？這種學派對於歐洲的基督教社會，是否發揮了解構的負作用？社會法學派有許多德國人和奧地利人，是否表明它與歷史法學派頗有淵源？

社會法學派是實證主義法學的一支，適用於實證主義的所有概念同樣適用於社會法學派，但反過來就不一樣。

社會法學派的實證主義特徵在於，它取消了法的超驗性，沒有高級法的概念，把法看成是為了人的具體利益、現實利益而展開的東西。但人的現實利益是一個無法定義的東西，尤其社會利益是無法定義的，所以它實際上是在消解法的神聖性賴以存在的各種基礎。等到法的神祕性被完全破除時，實證的法本身也就無法建立起來了。

實證法的起源比民族國家早得多，而且它的基本邏輯是普遍的理性，因此它本來是不承認民族國家概念的，但它可以被民族國家利用，或可以被任何現實的政治力量利用，因為這是它的本性，它本來就是一個天花板比較低、視野範圍比較窄的學派。

就德語世界而言，社會法學派和民族法學派代表的其實是相反的淵源：社會法學派是一種帶有法國風（啟蒙和實證主義色彩）的東西，它傾向於認為社會利益是超國界的，否認德語世界那種中古風的有機性。

而民族法學派強調的，恰好是德語世界的特殊性和前基督教世界的特殊文化，認為這些東西體現了一種超驗的、不可分享的德國性。從民族法學派的角度來看，任何實證主義者都是非德國的，尤其是帶有濃厚法國風的東西。

兩者都有非基督教的傾向，但它們非基督教的方向是恰好相反的：民族法學派是超驗的、浪漫的角度，實證主義者則是理性的、普世的角度。

Q 維基解密曝光美國中央情報局利用各種手段搞大規模監控，是否違憲？

憲法是活的，看你怎麼解釋。即使字面上完全相同，不同時期的憲法還是不一樣。順便說一句，像基督教、伊斯蘭教或儒家諸如此類的大規模理論體系，往往也是解釋比內容重要，而解釋是不斷變化的。

依據南北戰爭以前的憲法，你說的肯定違法。但從麥卡錫以後新的、不斷移動的憲法來看，那就是一個相當模糊的區間了。麥卡錫時代以後的憲法是一個自衛型的民主，它所應付的不再是華盛頓將軍那個時代的正規戰爭，而是包括了共產國際這種地下滲透手段。地下滲透就會造成一個模糊區間。

表面上是美國公民甚至是美國官員，但實際上可能跟外敵一樣危險，這要怎麼鑑定呢？法院對此只能事後判斷，無法事前判斷。所以在這種情況下，合理的憲法解釋就是允許德國憲法保衛局這樣的機關，像員警辦案時一樣，自己獨立判斷哪些人是真正危險的匪諜，哪些人只不過是國內正常的政治鬥爭。如果判斷錯了，按照普通法的規定，必須由個人承擔刑事責任，而不能以機關的名義承擔責任。

按照法國行政法院的規矩，公務員可以說我是服從上級命令而豁免部分責任；按照英美法系的話，那就不行。即使上級真的給你下過命令，但你是一個有腦子的獨立之人，你是對法律負責而不是對上級負責，所以你要得出結論，認為上級的判斷是合法的才能執行。若你的結論是上級的判斷合乎法律，因為這個結論是你自己得出的，所以責任仍然由你扛。

在這種情況下，中情局做了什麼或沒做什麼、是不是合乎憲法，要由法院說了算。法院說了算，就等於民主成分（陪審團）和菁英成分（普通法的法官）共同做出決定，那麼法院本身就像是早期的撒克遜人一樣，是共同體德性的體現。它就是最純粹意義上的共同體本身，它說什麼合乎憲法，那什麼就是合乎憲法。

Q 習慣法（判例法）能否在缺少自由主義傳統的非前英國殖民地實行？

習慣法跟普通法是兩個概念。在成文法制定以前，絕大多數地方實行的都是習慣法，但不見得所有的習慣法都能形成普通法體系。這不是說成文法一定就壞，習慣法一定就好，大多數地方的習慣法其實包含了許多很差的成分。

至於普通法為何能形成現有體系，跟西歐特殊模式的封建主義、羅馬法提供的形式因、唯名論的傳統有關，所以不是僅僅有習慣法就能形成自由主義，兩者是不同概念。

Q 為何有衡平法？衡平是英美商業秩序（私權利博弈）的最終維持原則？

衡平法的產生跟商業無關。由於在封建法不斷進行衍生、類比、比附的情況下，比附的程式過於複雜繁瑣，超過一般人理解程度，所以為了簡化程式，就來按天理良心辦事，這就是衡平。

意思就是說，用人人都能理解、顯而易見的理性和公平原則進行上一級的裁斷。但這個裁斷是原有封建法的一個補充，而不是越過封建法的一種新的法體系。所以雖然經常有人說普通法如何如何，衡平法如何如何，但衡平法不是對立於普通法的另一種法，而是普通法的一種補充。

也就是說，在普通法本身過於繁瑣的情況下，開闢一個捷徑，相當於綠色通道和綠色走廊，就是你到火車站和機場去可以看到的，那些為殘疾人士修築的通道。普通法相對於衡平法，就是正常通道和綠色走廊的關係。

商業法典用的也是習慣法。最早的習慣法跟普通法沒什麼區別，各個不同的商業城市（例如五港聯盟）會把自己的習慣納入封建法體系中。十七世紀以後的商業法隨著國際貿易擴張而產生了很多新的習慣，最後在光榮革命和霍爾特（John Holt）法官的時代以後，習慣法就變成了正式的法，但這個變化跟時代較早一些的衡平法的產生，是沒有直接關聯的。

Q 根據本地習慣法的豐富程度，以及吸納其他習慣法的潛力，哪些國家排在前幾名？英美普通法國家大概在什麼位置？有什麼指標能用來衡量？

習慣法是不能按照國家排名的。習慣法所造就的就是使用習慣法、孕育習慣法和習慣法所養育的司法自治團體。這些團體跟某些傳統的關係可能比較深厚，跟另一些傳統的關係可能比較薄弱，但可以作為合理比較單位的始終是這樣的習慣法團體。

例如，你可以比較布里斯托市議會的自治傳統和佛羅倫斯的自治傳統，哪個更為深厚，因為這是一個合理的比較單位。但沒有辦法拿英國的自治傳統和其他國家相比，因為「英國」這個詞被默認是一個民族國家，而不是統一的習慣法團體。英國和以色列內部都包含許多不同的習慣法團體，它們的組織度和組織方式都是不一樣的。

關於習慣法的豐富程度，答案很清楚：中世紀歐洲兼有基督教和封建兩種元素和日爾曼部落這個歷史基礎的自治城市和封建領地，因此其習慣法傳統是最深厚的。不說別的，你可以簡單地用習慣法法典的厚度來判斷，例如諾曼第、曼恩這些很小的地方，從中世紀積累下來的習慣法厚度。

Q 阿姨多次提到霍爾特法官對現代商業習慣法和維護財產權的影響，能否具體談談？

霍爾特本人不怎麼重要，他不是學術型人物，也不是能以歷史推動者來描述的角色。他更像是水面上的一根稻草，或是在一葉落而天下知秋這個意義上，代表了光榮革命以後社會風氣演變的趨勢。

作為法學家，他是一個因循守舊的人，沒有提出什麼新東西。他和同時代的其他人如果有什麼不同，那就是他這個人容貌俊秀，在法庭上的臺風比較好。這個臺風相當於兩支足球隊踢球時，總有一支隊伍的風格看上去比另一支好。

如果是在其他時代，這點優越性可能不受人重視，但他恰好身處光榮革命以後的那個時代。那時英國紳士風度開始起步，引起中等階級廣泛羨慕，覺得有必要引以為豪，作為移風易俗或下一代的榜樣。

而他在法庭上的表現是適合做這方面表率的，因為他總是對任何人都彬彬有禮，包括他理論上的對手。他不想傷害任何人，只採取了對事不對人的手段，在任何情況下都不忘公正對待他人。即使是在對手露出破綻時，他都不會粗暴野蠻地利用這些弱點，因此他在當時的社交圈裡給人很好的印象，在法庭上被他打敗的對手都不怨恨他。

有這些優點是可貴的，但一般來說，這些優點還不足以使他名垂青史。讓他留名於世的關鍵在於，當時的商業文明正在有意識地自我規範，他在這時成了一個合適的樣板人物。其實跟他差不多的人物還有很多，只是他正好趕上了這個關口，所以當時的作家和後來十九世紀的歷史學家比較願意提他作為代表，僅此而已。

Q 習慣法和法家的法是怎樣影響社會的？

習慣法就是演化造成的各種細枝末節的修正，它跟法家的法沒什麼共同之處。實際上，孔子和子產那個時代的禮，更體現了習慣法的色彩。

什麼是習慣法？比如說兩群人打架，其中一群死了一個人，然後對方說：「我拿二百兩銀子來賠，你別打了。」你服不服？如果你覺得「這樣我也太虧了，難道我們家的人只值二百兩？至少要殺他們三個人才能討回來」，於是你們就繼續打下去。但戰爭不可能永遠打下去，總有一天，比如說你打死了對方兩個人，你覺得夠本了，但對方居然覺得，我們死兩個人，你們死一個人，我們也可以收場，那麼就說明你們的勢力比他們強，一個習慣法的規則就成立了。

或者，你覺得二百兩不夠，所以人家出了四百兩，這時你覺得「差不多了，比繼續打下去要好一點，可以收場了」，那麼這四百兩就是撒克遜法、丹麥法與蒙古人的燒埋銀，形成了一個習慣法。

這個習慣法不是一成不變的。例如，將來你們家或你們部落衰落了，本來非要打出人命才能收場的事情，你可能覺得多拿一點燒埋銀就可以收場了，甚至燒埋銀的數目愈來愈少，諸如此類。這就是習慣法的演化。

Q 如果沒有文字，文明怎樣積累和傳承？

大多數最有效、最可靠的傳承方法是習慣法。習慣法是民主、多中心的，保留了最大限度的地方性自治；而書面化的結果無論如何都是刪除了大部分地方性知識，把知識的傳承集中到極少數、而且是極有偏見的人手中，不管這極少數人多麼聰明，都一定會造成損失。

這個道理就像是，國家計委無論有多少臺電腦，肯定沒有一億多不識字的俄羅斯農民聰明。一億多不識字的俄羅斯東正教農民能夠餵飽俄羅斯和半個歐洲，但自從交給了國家計委幾百個專家以後，大家都要吃不飽了。

這不是說專家不聰明，一個人對一個人，專家比農民聰明是可能的，但你若要說一小撮計畫當局專家的智慧，能超過這麼多農民那些無文的地方性知識總和，則是不可能的。你一專家起來，一書面起來，就把大部分地方性知識都給刪光了。這個損失，就像哈耶克說的那樣，才是最大的損失。

市場經濟本質上就是資訊，資訊就是財富，財富是資訊的一種表達形式。知識多就是財富多，反過來也一樣。如果一個地方財富多，那就是各種知識多。但你千萬不要像科舉士大夫，說到知識就想到一本一本的書。那些書只是知識的一小部分，而且包含極大比例的偽知識。而口傳的經驗知識，第一是最多，第二又是最真的知識。

你想想，是一部游泳百科全書教你游泳呢，還是你自己學會游泳？你不用看游泳百科全書，你也可能學會游泳；看多了游泳百科全書，反而不容易學會了。最好的辦法，第一是你自己去游，第二是你旁邊有個教練拿著游泳百科全書，隨時準備查字典。但查字典是少數，自己游是多數，這是最恰當的比例。如果達不到最佳比例，寧可沒有書而自己游。去獲得地方性知識，也不要只看書不游泳，那是所有方式中最糟的一種。

Q 有財力和能力的人是否應該實行法外制裁，維護社會正義與公正？

所謂的法外制裁，相當於南太平洋土人的taboo（禁忌）。艾利斯（Havelock Ellis）曾說過，社會主要不是依靠法律來維持，而是依靠taboo來維持。

一個典型的例子就是，你戴不戴帽子，按現代人的觀點好像無關緊要，但對十九世紀的英國人來說，不戴帽子就出門是很不體面的，差不多就像你不穿褲子就出門。即使天氣不冷，你完全可以光著屁股出門，但還是不好看的。所以有些人帽子掉了，就一路追著帽子跑，而被街童嘲笑。

比較窮的人為了做做樣子，也買了一頂特別好的帽子，但搞丟了要找回來，甚至會走上犯罪之路。有些英國小說就是描寫這一點。現在的讀者大概很難理解那時的社會環境，怎麼一頂帽子就能讓人犯罪，最後還毀掉一生。但身在當時的社會環境，不戴帽子就是不行的。這便是一個taboo。

社會禁忌怎樣改變，沒有人說得清楚，但毫無疑問，它跟每個人切身執行的社會積分有關。也就是說，你討厭什麼，反對什麼，你不知不覺就會往路徑積分上加一個積分，這樣一個積分不能算是正式的法律，但已經很接近taboo了，taboo就是由這樣的集體選擇形成的。如果大多數人都覺得，以前的人（老一輩人）喝酒是可以的，但以後的人（年輕人）要繼續喝酒就不對了，那麼一個新的taboo就產生了。

我舉的這個例子是真有其事。在十九世紀初葉，至少男人喝酒是理所當然的，舉行宴會時，很多人醉倒在桌下，即使是國王和貴族都不以為恥。但年輕的維多利亞女王和阿爾伯特親王覺得這樣很不健康、很不體面、很不衛生，她覺得有必要以身作則、移風易俗。於是等到十九世紀末、二十世紀初，至少是上等階級，喝酒時必須體面，不會隨便喝醉；如果還有人喝到吐，那一定是下等人。從十九世紀初到十九世紀末，就是一個真正移風易俗的過程，也是一個新的taboo產生的過程，社會就是這樣一點一點改變的。

所以你說的那種私人制裁，不僅是必要的，而且是社會大多數禁忌發生變化的基本催動力。如果你覺得某些現象是錯誤或有害的，那麼你就以身作則去推動一個新的taboo，然後你周圍的人也會跟著推動。

我就採取過這種做法，例如罵別人是匪諜、把共產黨稱為我匪，這類行動的意義就是要帶動大家針對共產主義形成一個反共的taboo。只要時間夠長、參與的人夠多，新的taboo形成以後就會升級為習慣法，習慣法會升級為成文法，社會便因此而改變。

Q 請阿姨講講普通法和成文法的融合。

普通法和成文法的融合其實是一個世界性的現象。日本在這方面表現得非常明顯。日本在明治時代造法時，是模仿法國和德國。但二戰以後，法官的權力、司法權力得到極大的擴張。儘管有成文法典，但法官在判案時可以不拘法典，因時造法。

例如，你在日本蓄意殺人，可以被判無期徒刑。但如果你在酒吧被一個喝醉的人惡意挑釁而殺人，那很可能只判你三年徒刑，無罪釋放也有可能。這就是一個因時造法在日本得到廣泛吸收的表現。

這一點不限於日本。現在的大陸法國家，包括法國和義大利這種本來非常傳統的大陸法國家，也在很大程度上加強了司法權。尤其是在納粹和蘇聯倒臺以後，基本上所有國家，尤其是那些受納粹和共產主義荼毒最深的國家，吸取了反面教訓，普遍的反應就是強化司法權力，重新推動司法的多元化和法官因時造法的權力。

這方面有兩個典範：德國與波蘭。德國法官判案時能不遵守具體的法律，還能不遵守聯邦德國基本法，而可以根據基本法背後的基督教歐洲文明價值觀來因時造法。在波蘭，甚至授權法官根據《聖經》和天主教價值觀、歐洲文明固有價值觀，依自己的理解來行使裁量權。只從字面上看，你甚至可以說冷戰以後擺脫蘇聯統治的波蘭，其法官享有的權力，比美國最高法院和中西部那些保留普通法傳統最強之地的法官都還要大。

但這只是從理論上來講，實際上則不一樣，因為司法是最保守、最傳統的。你在理論上賦予法官這麼多權力，跟他實際上試圖行使這些權力是不一樣的。英美畢竟是普通法傳統最深厚的地方，無論字面怎麼規定，他能最習慣、最嫻熟地運用因時造法的權力。而波蘭和德國這樣的大陸國家，儘管在字面上享有的權力很大，但使用這種權力時，相對而言仍然是比較生疏、僵硬的。因為普通法、習慣法靠的就是手熟，所以有沒有這個傳統、法官能不能適當運用這個傳統，比起名義上的法律重要得多。

所以，普通法現在的擴張是肯定的。二戰、冷戰以後，普通法在全世界幾乎每個地方都有明顯擴張。在一戰和二戰之間屬於經典大陸法的國家，現在幾乎毫無例外在自己的司法實踐中遭到普通法嚴重的侵蝕。蘇格蘭在這方面更不用說了，它本來就是英蘇聯合，是大陸法和普通法的混合體，自然在這方面表現得更突出。這個傾向是世界性的。

但另一方面，普通法並非完全不受大陸法的侵蝕。什麼是普通法呢？若不成文的日爾曼習慣法像一杯豆漿，那在被羅馬法的鹵水點了以後，就結成了一塊豆腐。如果沒有羅馬法這個鹵水，它可能永遠都是豆漿。如果一直是豆漿可麻煩了，就會像日爾曼那些習慣法一樣，現代人看到之後可能會覺得，你這些東西沒什麼高明的嘛，跟剛果那些黑人習慣法有什麼區別。你們不就是神權審判嗎，打了官司以後一人捧一塊烙鐵，看誰的手沒被燙傷誰就贏。非洲那些黑人打官司時不也是這樣嗎？請烏魯克、烏魯圖大神下一個神諭。誰沒有賄賂巫師，就讓他去遊過當地的水潭。如果被鱷魚吃掉了，表示神明不支持，你輸了；如果沒有被吃掉，表示神明支持，你贏了。

若沒有羅馬法刺激普通法成型，那麼即使是英格蘭的習慣法，恐怕在後人看來也跟非洲部落的習慣法沒多少原則性區別。正是因為羅馬法的刺激，才能體系化和規範化，在沒有嚴重損失原有自由的基礎上，也能形成豐富和複雜的理論，所以兩者缺一不可。

因此普通法就是習慣法和羅馬法嫁接和混合的結果，它在發展的過程中甩不掉羅馬法的外在刺激，也不斷吸收羅馬法和成文法的成分。在教會時代，它吸收了教會法的成分；在絕對君主制時代，它吸收了羅馬法的成分；在法國大革命以後，它又吸收了人民主權各種福利立法的成分。這個行為一直存在。

不說別的，像行政法院系統這些東西之所以能存在，就是法國人搞出來的行政法院系統對英國司法系統進行橫向刺激的結果。像紐約市、愛丁堡這些地方驗屍官制度的改革，它的刺激源也是在歐洲大陸。

現在也許只有德州和堪薩斯州這些地方的普通法還是原汁原味的，所謂禮失求諸野，到最荒遠的西部去就能找到最原始的普通法。但在倫敦、紐約這些大城市，現有的普通法已經摻雜了很多外來成分，其中最主要的就是大陸法。

但為什麼說普通法仍是普通法呢？因為它仍然是司法官的法，而不是立法者的法。大陸法和普通法有很多細節上的區別，但根本精神的區別在於：大陸法是立法者的法，是國會或國王制定的法；普通法是法官和陪審員的法，是法官因時造法的法。只要大陸法的路徑是制定法，而普通法的路徑是演化法，那麼我們可以說，普通法儘管不斷在吸收、而且將來肯定會吸收更多大陸法的成分，但它仍然是普通法。區別就在這裡。

Q 亨利二世的司法改革中，如何確保司法裁決獲得執行？

首先我們得破除「法庭判決一定要執行」這個觀念。執行法庭判決是近兩、三百年才有的現象。在中世紀早期，法庭判決不保證能執行，而且當時的人有選擇法庭的自由。這不是從亨利二世才開始的。日爾曼早在部落時代，法官就不止一個，德高望重的長老都可以出來做法官。仲裁權和司法權是沒有區別的。你打官司去找哪個長老，那是你的選擇。你去找領主法庭、教會法庭還是國王法庭，那也是你的選擇。

亨利二世改革的結果，只是在原本的體制上把國王法庭的服務弄得更加人性化而已。你以前也可以找國王法庭，只不過那時你要自己帶著糧食到倫敦來找國王，但你現在不用跑那麼遠，國王會把法官直接送到你門口。國王一方面改革了司法程式，另一方面把法官送到你門前來，讓你們打官司變得更方便，也讓他賺錢更容易了。

至於說判決能不能執行，答案是沒有任何一個系統的法院可以保證。別說保證執行了，連法官本人都自身難保。例如，教會法庭惡意做了一個判決，讓國王的臣民吃了虧，修道院那個系統占了便宜，那麼國王的臣民會從家裡把刀槍拿出來（在中世紀，人人自由持有武器，像現在的美國一樣），呼朋引伴把法院砸了。如果法官跑得不夠快，會被當場打死。不光中世紀如此，一直到斯圖亞特王朝（House of Stuart）時都是如此。

有一個真實發生的故事：在詹姆斯二世（James II of Scotland）的時代，也就是光榮革命的前夜，偉大的詹姆斯二世派了一個法官到阿蓋爾公爵（Duke of Argyll）的領地去行使他的巡迴審判權。公爵大人很不高興，因為他已經很習慣臣民打官司都去找他，錢也是他收的，現在來了一個法官，就算不要他的權力，至少他的錢也會短收不少。

於是，法官穿著紅袍開庭時，出現了很奇妙的現象。公爵大人很有禮貌地向法官致意，表示他完全尊重國王的選擇，然後他就在法官旁邊坐下來喝茶了。但審著審著，突然來了三百多人，穿著格子花呢的披風（按照蘇格蘭部落的習俗，他們習慣穿格子花呢，而且從花呢上的標誌就能看出他們來自哪個部落），他們拿著弓箭和其他武器，大家一看發現是阿蓋爾家族的親衛隊，這些人一向除了公爵誰都不聽的。

然後這些人進入法庭，在下面坐了五分鐘，接著開始打架。不是打別人，而是阿蓋爾家的人打阿蓋爾家的人。愈打愈狠，眼看就要出人命了。法官在上面喊話，他們也不聽。最後法官察覺情況不對，這些人明明是在砸場子啊，於是轉身向公爵求助：「公爵大人，您看這事怎麼辦？」阿蓋爾公爵喝完了茶，然後從容不迫地站起來，吆喝一聲：「你們幹什麼呢！」法官喊了這麼久，誰也不理他；阿蓋爾公爵此話一出，三百多名精壯的小夥子立刻鳥獸散，法院馬上清靜下來。法官看了臉色發白，跟阿蓋爾公爵寒暄幾句，就在公爵的莊園住下了。隔天早上，法官就帶著隨從逃回倫敦，不敢回來了。

Q 如果非得用武力，為何還要花錢打官司？僅為了一個道義上的說法嗎？

不是這樣的。因為按照中世紀的觀點，戰爭、仲裁和法庭是同一回事。最初的法庭就是透過決鬥來審判的。

我跟你起糾紛，正常的辦法就是打一架；如果我把你打趴了，諒你也不敢再找麻煩。我們如果同爭一塊地，我都把你打趴了，你怎麼會敢跟我搶。但打也有打的辦法，有些人就是打風不好。有些人打得比較紳士，打得你心服口服；但另一種人就會耍詐，例如平常都是說好打上半身，但正式打的時候卻踢下體，這樣贏了也不光彩。怎麼解決呢？就是街坊父老集結起來，有證人在場，有規矩地打，求一個公平決鬥。

決鬥有了進一步規範就成為法庭。法庭就是觀看你決鬥的那些父老鄉親變成陪審團。陪審團坐在那裡，你們能講理就講，雙方實在講理講不通，那你們就決鬥。誰決鬥輸了，就說明上帝不支持你，你就真的輸了。再進一步規範才是法庭的裁決。這不是設計好的，而是按照一個達爾文過程一步一步演化的。

法官一開始就是觀眾，毫無權力，後來有了一點仲裁權，他至少可以勸你們和解。但勸說不了的話，你們還是要透過打的結果來決定。再進一步，就變成法庭了。法庭可以發一張羊皮紙給你，用拉丁文辭令說誰有理，但它是不負責執行的。如果你們不服，還是能打，也可以去找別人。

即使如此，有些人還是會願意聽法院的話。哪怕只有三成的人聽法院的話，七成的人打完官司以後繼續打，但社會成本還是節省了三成。文明發展到一定程度，大多數人就會覺得，雖然這件事我也可以打過去的，但萬一法官做了有利於我的判決，不是連打都省下了嗎？雙方都抱著這個希望，所以雙方一般會先打官司。打官司實在談不下來，我們還可以接著打。基本上就是按照這個程式演變的。

漸漸地，最後大家就養成習慣：如果你們官司都已經打下了，法官都已經說話了，你們還在打，那就太不講道理了。但這種觀念是後來才產生的，不是一開始就有。法院的裁決一開始只是戰爭的一個補充。

Q 普通法的推進是以農業革命為前提和基礎的嗎？

如果是二十世紀七〇年代的農業革命，這個說法顯然不成立，因為殖民主義早在那以前就產生了。但如果是十七世紀甚至十六世紀的農業革命，這是有點依據的，因為殖民主義不僅是一個體制擴張的問題，也是英格蘭王國物質資源比較充沛的產物。並不是像有些反對殖民主義的人把殖民主義看成是蒙古人或女真人入侵那樣，是一批很窮的人打進一個富裕的國家，發了一筆橫財。殖民主義不是這樣的，而是在英格蘭和歐洲富裕起來、足夠強大以後才向外擴張的，而強大起來的一個原因就是農業革命。

伊莉莎白一世時代以來的農業革命是有目共睹的。當時作家描繪的中世紀是，胡椒不夠，冬天快到時牧草也不夠，所以只能大批屠殺牲畜做成醃肉，然後大家一到冬天就只有醃肉可以吃，結果好多人因此生病早死。伊莉莎白時代以後，首先是蕪青、啤酒花的引入使牧草變得豐富，不用大量宰殺牲畜過冬了，基本上一年四季都有新鮮的肉可以吃，人民的健康和營養狀況也都因此大大改善。

而斯圖亞特王朝末期和奧蘭治王朝（Huis Oranje-Nassau）初期是一個著名的修理溝渠的時代，當時最賺錢的行業就包括投資整修運河和溝渠。一般來說這是有產階級搞集資公司搞出來的。修理以後，土地的生產力就會大大提高。圈地運動其實是同一性質的現象，也是一幫有錢人集結資本，把沒有可耕價值、用來放羊的土地整理一下，重新變成可耕地，促使農業生產極大地發展。

這個過程持續了至少三百年，所以現在有很多人認為，與其說是工業革命導致了農業革命，不如說是農業革命導致了工業革命。先有農業革命產生了大量的剩餘，解放了勞動力，才搞出工業革命來。

如果這對殖民主義有刺激作用，那就是一個合理的假定。但這不是個充分的假定，因為這樣的農業革命範圍超過了英格蘭王國本身，而且在不同的政治制度之下，農業剩餘的增長不一定導致有利於自由或殖民主義的結果。

最經典的案例就是波蘭和東歐的二度農奴化，這恰好是本地小麥產量增長、烏克蘭荒地大規模拓墾的結果。墾荒和農業生產增長使烏克蘭和波蘭變成歐洲最大的小麥出口國，但卻降低了當地農民的地位，加強了貴族領主的權力，也沒有造成殖民主義。

所以，能不能造成殖民主義，農業剩餘可能是一個必要條件，但有了剩餘是不是會造成殖民主義，就還有其他因素。是必要條件，而不是充分條件。

Q 阿姨說二十世紀的大眾民主，實際上是全民戰爭時代「血稅淹沒錢稅」的產物。但其中是否有可疑的制度陷阱？因為資產階級民主的財產門檻是有篩汰機制的，例如父親積勞蓄產而獲得選舉權，遺產傳子傳孫，其中只要有一代人失德敗家，就可能因為低於法定財產標準而喪失選舉權，以保持全社會優勝劣汰的演化趨勢。而大眾民主則無「量德授爵」機制，父親為國血戰榮獲選舉權，但兒孫輩若沒上過戰場，憑什麼永享選舉權？財富不妨世傳，勇敢豈能？未來，以下方案是否有可行性：規定因血稅而來的選舉權只能傳襲一代，兒女可繼承父親因參戰而享有的選舉權，但他們若未親歷戰場，孫輩就不再免費享有選舉權；但兒輩如果自己也上過戰場，則是憑自己的血稅而享有選舉權，不曾占用父親掙下的世襲名額，那麼他父親和他自己積累下的共兩代世襲選舉權名額，就可以往下再傳兩代；以此類推，或可勵俗。現在這種文明季候下，這種方案是否能逆轉大眾民主的潮流？

硬制度總是落後於形勢，大多數情況下反映了前幾代（你祖父那一代）的制度，同時摻雜著自古以來你所有祖先的制度，以及你父親和你的時代的制度。也就是說，適合你的制度在整個制度中的占比其實是最低的。

可以說，在整個制度中，最大的一塊（百分之五十）是適合你祖父時代的制度，有百分之三十、四十是適合你祖父以前所有祖先路徑積分的制度，大概有百分之五到百分之十是適合你父親時代的制度，剩下的那一點點才是適合你的制度。而你施加的各種影響，要等到你孫子那一輩才會產生效果。

現在所有生物的特徵，反映的都是它祖先時代的自然環境。現在所有的憲制和法律，反映的都是你祖父時代的需要。社會發生變化以後，等到你對相應的變化做出相應的調整，需要三代人的時間。所以，總是有扭曲和滯後的現象，基本上沒有完全合適的制度。

托克維爾（Alexis de Tocqueville）曾說，如果某個國家的憲法看上去很合適，那是因為它還年輕。經得住考驗的理想憲制是像普通法那樣，經過了歷代的積累，不斷保守修正以後，適應性比較強。因為它反復把比較偏門、錯誤的嘗試給淘汰掉了，剩下的就是比較接近能普遍適用的東西，這就是經驗性質的篩選。但確實沒有任何法制是能完全跟你現在的狀態合身的，因為你現在的狀態也是在不斷變化之中。

Q 多重產權和絕對產權有何區別？對市場經濟有何意義？

絕對產權就是沒有產權。產權依靠武力來維持，而武力不可能孤立，必然依託於一系列社會關係。所以絕對產權的意思就是：你相對於你的鄰居有絕對產權，你在鄰居面前是孤立的；但對於統治這個社會的統治者來說，你和鄰居的產權都是透明的。所以等到多重產權結構退化為單一產權結構時，這個產權結構的覆滅就不遠了。

羅馬法對習慣法的替代，本身跟拜占庭專制主義的發展就是同步的。所謂的市場經濟，實際上是封建意義上的多重產權結構，和羅馬法意義上的單一產權結構，兩者過渡期間的一個轉瞬即逝的現象。在這個短暫的機會視窗，強大的國家還沒有意識到自己已經有能力侵犯變得脆弱的財產權，所以仍表現得像封建時代一樣尊重財產權。

但財產權已擺脫過去的複雜社會結構所強加的多重義務，變成除了錢什麼都不用管了，還預見不到它變成只顧經濟的動物以後會喪失維持社會的能力，因而變成國家的犧牲品。

第七章　史學

Q 信史是否存在？

信史並不存在，或說是不可能客觀。只要涉及體系，就沒有信史。因為即使你使用的材料完全是客觀的，但因為解釋方法和組織方法不同，那就完全不一樣。你最終會發現，採不採信都要歸結於你事先已經形成的解釋框架。

我提一個最簡單的問題：出現基因檢測技術前，怎麼證明某人就是某人的兒子？例如，為什麼大家都相信某人是詹姆斯國王的兒子，或者該問為什麼會有人不相信？歸根結柢這就要追溯到解釋者對當時社會體系和政治體系的理解，是一個信任問題。

有些人說的話是可信的，在這個可信的基礎上疊加一系列轉述，到現在仍然是可信的。有些人則是不可信的，原因不是純粹主觀的，也不是純粹客觀的，而是要看這個事實和敘述的方式跟他所在的社會環境是不是協調，以至於跟解釋者所採取的解釋框架是不是協調。用這種方法衡量或建立出來的可靠或不可靠，都不可能是絕對的。

Q 中國史學為何苦大仇深？

中國的史學，不是說正經的史學，而是說我們從小讀到大的中學課本、參考書、通俗讀物，為什麼總是一副苦大仇深的樣子？因為它是無產階級史學。不是歐洲那種工人階級的無產階級史學，而是費拉散沙的絕望和仇恨史學。

他們覺得自己始終是被壓迫者，一直想著翻身，卻總是翻不了身。這種絕望和仇恨的情緒，滲透在歷史教育的字裡行間。我相信，有些人就是被這種東西搞成終身的精神病。而沒有搞成精神病的人呢，都是經過了一種摸索，像神農嘗百草一樣嘗各種東西來解毒。有些東西吃下去是毒藥，有些東西碰巧被神引導，讓你真的吃對藥，把毒排出來了，最後你才能找到理由。

所以我基本上沒有對民小，那些人生氣，都是有理由的。我看他們就像看自己小時候一樣。這話我不大跟外人講，實際上我一般來說不會罵或攻擊那些跟我完全不一樣、我完全理解不了的人。我敢罵的那些人都有一個共同點：他就是我，他至少是我經歷過的某個階段，否則我不敢罵他。我敢罵他就是因為我了解他，他相當於我某個階段的心理狀態。那種苦大仇深但又絕望的心情，不知道為什麼總是壞人統治我們，這個感覺太熟悉了。

Q 如何學習世界文明史？要關注哪些重要文明點？也請推薦相關書籍。

千萬不要學什麼世界文明史。那些以世界文明史為標題的書，要不充滿錯誤，要不極為膚淺。有些人是了解世界文明史的，但這些人都是博雅教育的產物，他們各方面的

7 民小是民主小清新的簡稱，是近十年來簡體中文圈新興的網路詞彙，用來形容對民主抱有理想化、浪漫化甚至簡單化理解的人，通常指那些對民主制度有一定嚮往，認為民主化是解決中國問題的萬靈藥，但對其複雜性、現實運作和可能存在的問題了解不深的人。這一詞語通常帶有調侃或諷刺意味。

條件都比八成以上的人口優越得多，或至少也有什麼特別際遇。這些人出於各方面的理由，已經把自己所在的文明和其他的文明都差不多吃透了，這時才產生一點點智力上的好奇心，覺得全世界的文明體系都可以整合起來。只有這種人才能學得通世界文明史。

但他們學習的方法，一般來說不是看世界文明史那類非常通俗膚淺的文章或書籍。這種人肯定有這種能力：從一個茶葉罐就能看出到底是日本、吳越、南粵還是波斯的產品，能看出這一種花紋跟古希臘或古波斯有沒有聯繫。這種人業餘的水準達到這個程度以後，才讀得通世界文明史，或說是看相關書籍時，才分得清哪些話值得相信。

初學者去搞這些事一定會垮臺，學術無產階級去搞這種事一定洋相百出。一般當學術無產階級的人只能學一個極小範圍，憑他那點時間和那點基礎，也只能研究托爾斯泰夫人日記的真偽，而且很可能花了十幾年時間都沒研究完。除了托爾斯泰夫人日記以外的其他東西，例如托爾斯泰公爵、托爾斯泰伯爵和托爾斯泰家族的來龍去脈，他都會完全搞不清楚，更不會搞得清楚托爾斯泰家族在彼得大帝（Peter the Great）以後的俄國貴族社會是處於什麼地位，他甚至連這樣的好奇心都產生不出來。而有這些好奇心的普通人，十之八九都會被一些速食文學欺騙。

Q 有些人認為歷史發展有其必然性，存在「大勢所趨」，於是從經濟、社會制度、國際政治、文化觀念等角度研究歷史現象，概括出各種理論、規律。這種思路是否可靠？如果有問題又體現在哪？

「大勢所趨」是跟天氣預報差不多的，所謂的「大勢」其實指的是短期。你能觀察到的那些現象是眾多複雜系統和非線性系統演化的表象，它內部的運作單位都非常大。因此，你必須隨著形勢的發展，不斷把新的參數和新的集團添加進去。這就是為什麼天氣預報時間愈遠愈不準，一星期以內的天氣預報才可信。

抓穩「大勢所趨」這些參數，也只能大體上逼近兩、三代人之內。超過兩、三代人以後，你就必須隨時隨地把新的參數加進去。所以，依靠這些「大勢所趨」來做長期判斷，認為這是普遍的歷史規律，一般來說是靠不住的。但作為合理的近期判斷（說白了就是二十到五十年），則可以把這些理論分為「可信的天氣預報」和「不可信的天氣預報」。

如何才能找到真實的歷史？

你想得到真實，最後就會發現真實是不可能的，因為可以切入的地方無窮無盡，關鍵在於你要從哪裡切入。

任何一種情景理解都要有龐大的信息量為前提，等你掌握了如此之大的信息量以後，可能你已經做不了別的事情，你就是那個領域的專家了。如果你達不到那種境界，你總是免不了要被各種符號和話術誤導。任何一種符號或話術除了提供信息量以外，都含有牽著你鼻子走的動機和效果在內，你基本上沒辦法避免。

只有兩種辦法：你完全一無所知，或你已經深刻了解到不可能被欺騙的地步。但搞到那一步的情況下，你投入的時間如此之多，就已經使你基本上不能再做別的事情了。半通不通的人總是被洗腦，但大多數人註定是要半通不通的。

阿姨能否簡單介紹一下您的歷史觀？您認為世界歷史的主流是什麼？在這個視角下，中國歷史究竟是什麼？

我現在傾向於認為，世界歷史就是各種不同秩序的產生和演變，這才是關鍵。表面的政權、經濟都是浮在其上的泡沫。

任何政治、經濟、文化現象的背後，必定是它的組織形態。當組織形態變化，它上面的表現形式也就跟著變化了。這些組織形態如何產生、如何交融和演變，才是歷史最核心的問題。在這個框架下，我認為中國這個概念基本上是不存在的。

歷史上我們稱之為中國的東西，其實是近代歷史建構以後，企圖用後人的觀念強行概括先人的歷史事實。漢朝和唐朝的居民是沒有中國概念的，他們只有朝代的概念，而前期和後期的朝代又不是簡單的重複。

大體上應該是這樣的：最初的華夏，即周漢之際的多國體系，是一個類似希臘的自組織體系，它在自己的組織資源耗盡以後，被比較簡單的秦始皇大一統帝國替代了。大一統帝國就是秩序的消耗和滅亡，所以它迅速把自己耗損掉了。接著，內亞各部落由於習慣法和組織資源的多樣性而取代了他們的空間，後來的隋唐帝國、金元明清帝國，都是內亞組織資源不斷輸入東亞的產物，反映了後期東亞的秩序生產力長期落後內亞。

所以要有效解釋這些現象的話，最好不要用中國這個框架，而要用一個東亞體系和內亞體系聯動的框架，這樣就能看清原來看不清的很多東西。

Q 阿姨，最近我寫四九年剿匪戰爭時，發現有些資料把贛人寫得很不堪，例如「斃敵兩百餘人，我方只有一名輕傷」。這種描述和數字的來源，有當時的「官方檔」（江西黨史資料選編之類的），也有刊報的老幹部自述。請問阿姨，這些描述和數字的可信度有多少？如果要還原一個比較真實的剿匪史，需要怎麼處理這些材料？打五折去看？還是打八折？或是乾脆逆向解讀？（涉及土豪鄉里層面的反抗，貌似只有匪才有第一手資料了）最後，每次看這些材料，無論真假，心情都很沉重，氣到頭暈，效率也很低下，請問您有沒有類似情況？應該怎麼面對？

「斃敵兩百餘人，我方只有一名輕傷」是這樣的：

我方抓了五百名左右的平民作為人質，抓了大概三百名農民工去消耗敵人的子彈。這些人質幾乎全死了，農民工則死一半。我方死了十五名幹部和六、七十個兵，全都迅速扔進水井了。受傷的幹部和士兵當中，重傷的當場活埋，以免造成負擔；輕傷的，有一個還可以救或是跟領導有親戚關係，於是帶走了，所以說是輕傷一名。

我們進入敵人的村，發現他們已經撤退了。我們抓了兩百個平民，或抓了兩百個階級敵人、敵對黨派勢力或我們認為是敵對黨派勢力的人，或什麼也不是，就是隨便亂抓兩百個人，統統殺掉，再宣布我們殲滅兩百敵軍。

真實的死亡數字當然是不可考的，只有各家各戶回憶「某某人是我的祖輩，什麼時候在什麼情況下被打死了」這樣的材料才是可信的。這種材料提供的是「某個時刻在什麼地方發生過一場戰役」，僅此而已。

第八章　行政學

Q 阿姨認為哪一種行政區域劃分比較好？

沒有好的行政區域劃分。行政區域劃分就是一種解剖術，你能對誰實施解剖術呢？顯然不是對活人。如果你對活人實施解剖術，那就會引起強烈的反應；如果你能順利執行解剖，那說明你的物件已經死了。能實行行政區域劃分的物件，必然已經是社會活力和生命力遭到嚴重削弱的地方。

以色列人在大衛王時代搞點人口統計就會激起強烈反抗，在希律王時代再搞人口統計，大家都會認為理所當然，中間的過程就是以色列人由蠻族的自由走向順民的發展。法蘭西王國在封建自由的時代，不可能把諾曼第和布列塔尼的邊界隨意劃分，因為諾曼第有諾曼第的習慣法，布列塔尼有布列塔尼的習慣法，諾曼第和布列塔尼加入法蘭西王國時，都有得到保留自己習慣法的承諾。

Q 哪一種政務官的產生方式更好，世襲或民選？

在沒有公共事務的有機共同體，像是部落或初期封建，世襲制比民選制要好。沒有公共事務，意即所有事務都是私人事務。你如果殺了一個人，那不是違反公共治安的問題，而是你們家跟他們家發生了糾紛，他們家要反過來殺你。

在這種比較原始的狀態，所有的共同體邊界是非常清楚的，沒有共同體的人早就死掉了，活著的人不是屬於這個共同體，就是屬於另一個共同體，不存在邊界劃分的問題。唯一的公共事務頂多就是戰爭和狩獵。首領行使的權力是非常短暫而有限的，他不可能在戰爭和狩獵結束以後，對任何人實施除了威望以外的任何影響。在這種狀態下，世襲制比民選制優越。

實際上兩者是不區分的。原始的日爾曼部落，民選的結果總是選出世襲的首腦。但在公共事務產生以後，世襲和民選哪個比較優越，不取決於產生方式本身，而是取決於共同體的邊界是否模糊。

如果邊界非常清晰明確，共同體成員對自己的責任感或特權、對共同體外的異己分子的歧視和無視態度了解得非常清楚，那麼民選就比世襲優越。因為世襲制固有的特點就是狹隘自私和黨派偏見，這些特點在事務範圍擴大以後，經過公共討論和薰陶，可以得到很大程度的改善，就像從陰溝裡流出垃圾，流到大海或沙漠上，經過太陽一曬就不會造成汙染一樣。

但如果邊界不明確，共同體成員和外人的身分沒有明確差別，作為成員又沒有比外人有更明確的好處，這時實行民選就不如世襲。

Q 在混合憲制中，縣市長如何產生？地方一級的政務官是世襲或民選？

縣市長是吏治國家的行政級別，在沒有行政級別的封建國家是沒有意義的，或者乾脆地說，這是一個翻譯錯誤。

英國的地方城市，由中國翻譯家來翻譯，大多是望文生義的結果。像「市」這個詞，其實包含幾種不同的原詞，有些是自治市鎮，有些是不同層次的居民點，它具體是什麼情況，要看這個市產生時跟當時的國王和國會簽署了什麼契約。

有的市非常古老，像是溫徹斯特這類型的市，可能在征服者威廉（William the Conqueror）時代就有一定的契約了。倫敦市理論上的起源甚至可以追溯到撒克遜時代，跟撒克遜國王簽署過契約。

但有的市，像曼徹斯特這類的工業市，在法律上根本就不是市，只是一個沒有權利的居民點，它產生不出任何代表，也沒有任何特許狀。

Q 如果政務官由世襲產生，會不會出現一個新的貴族階級？

這恰好就是日爾曼部落到封建主義的正常演變。在原始部族當中，其實已經存在了貴族，就是特別勇武出眾，為部眾所畏服的少數人，這些人總是在打仗時充當首領。而一般勇武和策略不大出眾的人，就只能當普通武士。

在這種情況下，部落酋長和普通武士的關係，就像是同一個班級裡面，經常考第一名、拿獎學金的優等生和普通學生之間的關係。他們之間沒有固定的界限，因為獎學金和優等生的資格明年可能就輪到你，也可以輪到其他人，但通常能拿到獎學金、成為優等生的總是那幾個人。他們在法律上沒有明確的差別，實際上也沒有什麼法律，但從習慣上講，差不多是只有極少數人能承擔貴族的任務。

如果政務官由世襲產生，能不能產生黨派政治？

最初的天然貴族，其身分跟普通武士沒有區別，只是由於他們勇武出眾，在征戰中被普通武士以一種民主方式擁護，所以成了事實上的貴族，所以最初的貴族是習慣上的貴族和民主的貴族。

但時過境遷，由於征服的刺激和武器技術的進步，立下最大功勞的部族首領和勇士得到最多的土地，能提供最好的裝備。買不起上等戰馬、阿拉伯鎧甲和高級武器的普通武士，就愈來愈不願意出征，或是不能打仗了。軍事義務逐步縮減到買得起那些武器、有錢進行專業訓練的少數人身上，然後這些人就自動形成了武士。

有人說中國歷史上的「政府」向來是廣義的，承擔無限責任，您怎麼

看？英美發展出制約行政權的行政法體系，您認為理想中的行政法體系應該是怎樣的？您的政府觀是什麼？

貴國自古以來就沒有「政府」這個詞。「政」是指人事和倫理，「府」是一種建築物。現在你用的「政府」這個詞是日本人翻譯的，又被貴國人理解歪了。行政法體系不是制約政府的東西，而恰好是行政機構權力擴張的產物。無論你是不是行政官，你都是一個人，你必須為自己的行為負責。例如，員警如果打了人，他必須賣房請律師幫自己打官司。

只有法國和德國這樣的大陸系國家，認為政府官員跟人不一樣，國家政策的錯誤應該由國家負責，所以才產生了行政法體系與行政法院。行政法院一開始就被英國人認為，這是歐洲大陸崇尚暴政的表現，不符合英格蘭的傳統自由。

第九章　語言學

Q 漢語系同音字非常多，要怎樣推動廢除漢字，改用表音文字？

推不推動沒什麼意義，只會有自然的淘汰。例如，從小使用英文課本的印度人和巴基斯坦人，就很容易淘汰這些大學還使用漢語課本的學生。別人用一小時就能完成的工作，你要花三個小時，那你在倫敦、德里或貝爾法斯特怎麼贏過別人？具體的個人贏不了，你的子女更少，階級地位更低，你就一步步被淘汰掉了。

再如，你發明了一套像越南那樣的拼音化粵語、臺語或諸如此類的語言，那麼你就跟印度和巴基斯坦的學生站在差不多的地位，不容易被淘汰。

語言團體的成敗，都是自然淘汰和自然擴張的結果。有意識去推動，作用不大。

Q 從永嘉之亂到隋唐，關中山東的社會基層是否發生了阿勒泰（Altay）系語言對古典華夏系語言的整體替代？語言學上是否存在相關證據？

基層語言是什麼樣的，沒什麼證據也不可能有證據。只有上層文化才會留下文字記錄，但文字和語言通常不一致。基層到底說什麼語言，時過境遷以後誰也不清楚，不可能像碑文或墓中的骨骼形狀可以拿來測量，你只能從一些蛛絲馬跡來推斷。

能留下來的文獻都是上層文化的記錄，但多少也可摻雜童謠、人名之類的東西。從這些童謠和人名來看，阿勒泰因素已經滲入了，但到底是怎麼滲入的，並不清楚。

下層文化說的語言，你怎麼會知道？孔子時代說什麼語言，沒人知道，只有孔子時代的文字留下來。唐太宗時代說什麼語言，也沒人知道，只有唐太宗時代的文字。

Q 我發現英文的同義詞異常繁多。即便去掉構詞法的詞，以單獨詞根的詞來論，很多概念在英文裡有十幾種同義詞，中文同義詞則少得可憐（除了極少數，例如「死」的不同表達），如何看待這種現象？英文和中文

在表達同一個場景、事情或抽象概念時，各有什麼本質差異？語言學是導致文化差異的重大因素？

那些詞不是同義詞，只是同一類別下面某些有細微差別的名詞。例如，愛斯基摩人對每一種雪花造出專門名詞，吉爾吉斯人則對不同馬匹造出多樣名詞。自發產生的語言、從原始部落產生的語言，都有這個特徵。它們往往缺乏抽象的詞或描寫牛馬這樣大類別的詞，但有很多非常具體、細微的、跟生活密切相關的詞。這些詞在文明人看來是能用一個抽象的大詞來概括的，但他們卻只有很多具體的小詞，沒有抽象的大詞。

現代漢語是一種非常特殊的語言，它是依靠各種翻譯材料拼裝起來的，而不是自發生長出來的。自發生長的原型，例如北京滿大人語（即官話）生出的是《紅樓夢》那樣的語言。你用那樣的語言，連《人民日報》都編不出來，因為那是一種人為產生的塑膠語言，所以只有政治詞彙才是比較完善的，基本上就是政治家設計出來的語言。而跟政治無關的、涉及日常生活的詞彙量是極為貧乏的，不僅不如英語，而且不如愛斯基摩人、吉爾吉斯人或新幾內亞人的語言。

英語雖然是大語種，後來產生了很多原始部落沒有的抽象詞彙，又透過語言融合吸收了其他語言的很多東西，但日爾曼語言原本留下來的那些基本小詞還是存在的。日爾曼系的小詞和拉丁系的小詞並存，又增加了複雜性。

而現代漢語（我指的是白話文）是一個頭重腳輕的結構。頂層看上去像是一個國家或一種語言，基層卻是空空如也，沒有足以支持它的文化傳統或基本共同體。一旦涉及具體生活的問題，馬上就會發現詞彙的匱乏。不說別的，光說牛和馬這樣的詞，套到英語或任何語言當中，就會有非常多在漢語中被稱為「牛」的小詞。在英語或大多數語言裡面它們彼此都是毫無關係的，從中根本看不出一個「牛」字來。

Q 為什麼三到六世紀之間的羌人、氐人、匈奴人、鮮卑人，既未使用內亞通行的粟特語（Sogdian）或婆羅米（brāhmī）字母來拼寫國語，也未如後世遼金西夏借漢字構件來創制文字，而是選擇融入漢字文化圈？

這幾個部落沒什麼直接關係。氐羌很可能只是階級的差別，氐人的階級比羌人要高一點。氐人有自己的祭司階級，使用的很可能就是殘留的古蜀文字，像現在的彝人一樣。他們的後代建立了兩個大帝國（李特與李雄的成漢帝國和苻堅的前秦帝國）、引用儒家士大夫作為帝國的統治工具以後，原有的祭司階級就失寵而漸漸滅亡了。這個祭司階級有一部分波斯文化的浸染，但祭司文字沒有傳下去。

羌人的階級比較低下，他們沒有菁英階級，這就是為什麼苻堅在五胡當中特別鄙視羌人。匈奴和鮮卑的時間更早，當然不會像突厥人那樣使用河中人的文字。但他們也像突厥人一樣，有來自於外伊朗地區的商業菁英和合作者。這些商業菁英和合作者，跟亞歷山大時代的大夏人和月氏人一樣，有自己的文字。而匈奴貴族，正如他們留下來的印章和其他考古遺跡顯示的那樣，懂得使用六國時代趙人的文字；另一方面，他們的商業代表和使節也懂得使用多種西域文字，例如跟亞歷山大接觸過的大夏人的文字。

Q 吳語是不是在永嘉之亂和安史之亂移民南遷的刺激下，吳越原住民學習中原音的形勢中開始形成的？日語的「吳音」，究竟是吳語的中古音，還是南遷移民保存的中原中古音？

吳語是受到伊朗、印度影響的越語，或說是一種克里奧爾（Creole）化的越語。越語是一個巨大的語族。孫權時代的山越人，包括顧雍的顧氏家族這些百越民族（雖然已在孫吳政權擔任重要官職，但按血統和姓氏都是越王勾踐的後裔），他們的口音跟越人歌裡留下來的口音基本相似，跟現代的粵語、桂語，以及越南和東南亞各國的語言也非常相似。有些語言學家把它列為壯侗語系或其他類似的語系。總體來說，就是東南亞各民族共同具有的某種原始語言分化出的各種語言，也就是義大利語和西班牙語的那種關係。它們的某些特點，在目前的粵語電影中還看得到。

Q 分析語和綜合語（複綜語、黏著語、屈折語），是兩種平行演化路徑，還是由綜合語變異出分析語？使用分析語或綜合語，在多大程度上會各自影響到相關族群的思維、行為和文明模式？在文明演化和分化的歷史上，語言這個變數輕重如何？

語言並不是在相同時間起源、經過了同樣的演化路徑和演化時間產生出來的單一系統，而是像現在地球上的真實生態系統一樣，是許多大小不同、時間長短不同的生態系統相互嵌套而成的。有的生態系統，大小可能只是一個火山口，或海底的一個小菌落；有的生態系統則有幾個島大，或跟地球一樣大。演化時間也是，有的跟地球壽命基本相同，有的可能只有幾百萬年。語言的演化也是這樣的。

現在我們給語言劃定的幾種分類方式，與其說是反映了語言本身的特點，倒不如說是反映了語言學和語言學家的特點。它不是按照不同語言自己分支、演化的方式來分類的，而是完全抹去了它背後的演化史，把它們列到同一個平面上，再把它們的所有特徵拿來平均、綜合、分析而形成分類，所以這種分類法不是演化論需要的分類法，它割裂了時間和歷史路徑。

當然，如果你非要按演化論的分類法來界定，有很多語言並不符合這種條件。印歐語系算是比較符合的，我們比較清楚它們的歷史演變，也知道它的幾個主要分支，像英語就是印歐語系的一個分支，但是它已經喪失了它的直接起源（拉丁語）的許多特點，產生了與遠東語言（例如漢語和越南語）相似的特徵。

這個特徵到底是取決於演化的固有趨勢，或是英語國際化以後產生出來的一些特殊現象，或存在著某種週期性演變，還是這些條件都不具備，只是同樣的起源和演化速度在不同的生態環境會出現局部的類比？答案是都有可能，但都不確定，這個問題目前還沒發展到能提出可靠假說的地步。

像是生物學和生態學，它還提不出可靠結論，卻已經可以提出言之成理的假說，但語言學連這一點都不具備。甚至有可能，語言本身並不是一個獨立的演化系統，而是其他演化系統的分支，從屬於外激素、肢體動作之類的其他交流形式。語言的重要性很可能被我們誇大了，它只是我們更不了解的其他系統的一個附屬部分。

Q 中古以來，突厥文和其他拼音文字為什麼沒有在東亞壓制方塊字？是因為東亞士大夫數量優勢造成的嗎？還是殖民者為了強化本土性而有意無意選擇的？伊斯蘭教覆蓋中亞的速度很快，但在東亞的輸出速度卻很慢，是因為這個宗教已經失去了傳播動力？還是因為它在東亞的優勢不夠大？

當然是因為東亞更偏遠的緣故，所以像袋鼠、鴨嘴獸能在澳洲存在，但在歐亞大陸就存在不了。美洲則會存在一些樹懶之類的特殊生物。

內亞和東南亞是西亞向東輸出的兩個樞紐，伊斯蘭教傳到這裡以後，到東亞就只剩下一點尾聲了。基督教其實也是這樣的。所有從西亞傳來的東西到了內亞和東南亞，再往下就比較乏力了。

東亞是一個海拔最低、相當於垃圾桶的地方，從別處留下來、在發源地已經消失的東西，在這裡仍然能夠存在與積累，就像中藥和農曆一樣，體現的都是在更中心、位置更高的地方已經被淘汰掉的東西。

第十章　一戰

Q 如果能選擇出生的時代，阿姨想生在哪個時代的哪個地區？

當然是十九世紀後期到一戰爆發前的時代，那是全世界人類文明的頂峰。在那個時代，任何一個名不見經傳的小紳士、鄉村小牧師，都具有大多數時代哲學家望塵莫及的品行和學問。

在那個時代，你只需要讓任何一個認識的人給你寫一封信，就可以在大多數國家的員警面前證明自己的身分，哪怕是在比較專制、歐洲大陸上的絕對君主國。這是真實的歷史，如果有什麼地方出現無政府主義刺殺案件，當地員警來搜查，你需要證明自己的身分時，只需要拿出幾封私人信件，員警就會道歉離開。

請阿姨總結一戰爆發的原因。許多年來，各家學者意見都不同，對此爭論不休。

原因當然是民主化，以及兩個新出現的大國在民主化進程中的國家建構。

第一個原因是根本性原因，也就是民主化本身導致了政治參與的極度擴大，縮小了各等級共治體系之下更加豐裕的外交斡旋餘地，使得政治衝突變得更加黑白分明。這個因素註定導致戰爭升級，但並非一定導致一戰。

局部原因則是：第一，按維也納會議的標準來看，德國以很不自然的方式統一，破壞了歐洲大陸的平衡。第二，與此同時，美國的實力極度增長，最終具有了取代歐洲列強維持秩序的能力。

一戰和戰後的演變主要就是這兩個具體因素造成的，都跟民主化有關。

如果鄂圖曼帝國沒有捲入一戰，它將會如何？

君士坦丁堡不可能保持中立。按照正常順序發展，它必然會被英國人牽著走。加入德國是青年土耳其黨（Young Turks）強行干涉的結果。兩者必居其一。隨波逐流的話，必然會跟著英國走，達達尼爾海峽的海路打通，沙皇俄國就不會倒臺了，德國很容易會失敗，布爾什維克政權不會出現，希臘和俄國誰都得不到君士坦丁堡。

英國人保護下的鄂圖曼帝國政權會由自由協和黨（Freedom and Accord Party）執政，把鄂圖曼帝國變成一個奧匈帝國式的聯邦。當然這個聯邦維持不了多久，但會以一種比較溫和、類似自治領的方式逐漸分離。此後，在各邦（例如埃及、敘利亞、伊拉克各邦）掌權的人，若不是約旦國王胡笙（Hussein Ibn Talal）這樣的人，就是布特羅斯·加利（Boutros Ghali）這類李鴻章式的人物。

Q 阿姨能否描述一下沒有一戰的世界現在會是什麼樣？

沒有一戰的世界肯定是一個殖民主義者統治的世界。而且十之八九，這個世界沒有瓜分殖民地所造成的那種明確邊界，因為瓜分殖民地這件事是自由貿易後退，以及大英帝國對列強的民族主義傾向做出讓步的結果。列強如果沒有大眾民主和民族主義強力支持，大致上不會做這種吃力不討好又在經濟上賠本的勾當。

這樣的世界，很多地方的邊界仍然不會明確劃分，特別是在非洲和亞洲內地。海岸線可能會由歐洲列強劃分一個大致上的勢力範圍；但內地的話，沒有多少國家願意深入內地去建立學校、員警和其他實質性的統治機構，因為這是賠本生意。自由貿易勢力會比後來大得多。

Q 在結果不變的情況下，一戰之後最恰當的戰後處理（從凡爾賽到華盛頓）應該怎麼做？

應該在西線和東線分別處理，也就是把西歐和東歐割裂開來。在西歐實行集體安全體系，僅包含西歐的話，並非站不住腳。但麻煩就在於，德國既是西歐國家又是東歐國家，而凡爾賽會議企圖同時籠罩整個歐洲，結果搞出來的東西對西歐來說是不及，對東歐來說又太過了。

東歐適當的做法是，有些地方可以發明民族國家，有些地方可以恢復封建體制，讓德國人在東線勝利，在西線失敗。也就是說，你不要製造一個跟第二帝國實質上沒什麼不同、憲法上都叫做「帝國」的統一的威瑪共和國（Weimarer Republik）。你要讓德國西部各邦作為西歐國家，參加集體安全體系；而東方的德國人，包括普魯士本土在內，讓它從這個大德國分離出去，恢復它過去開拓東歐的歷史傳統，讓它統帥東歐各國，迅速瓦解布爾什維克主義，然後在布爾什維克主義留下的廢墟上恢復封建主義。

這些事情，協約國自己做不好，而它胡亂干涉的結果又反倒破壞了德國人和波蘭人干涉布爾什維克主義最有利的時機。如果它一開始就不把集體安全體系擴充到東歐，那麼西歐的集體安全體系反而能維持住。

後來慕尼黑協定（Munich Agreement）以後集體安全體系的倒臺，歸根結柢就是因為西歐國家罩不住東歐又非罩不可，法國人要管東歐，但得不到英國人支持，而英國人又一點也不想管東歐，才導致了慕尼黑以後的事情。

如果一開始就把集體安全體系局限在西歐，讓東歐愛怎麼打就怎麼打，各國的志願兵和各個政治集團想怎麼弄就怎麼弄，那他們在放開手腳、不受約束的情況下，是很容易打倒布爾什維克主義的。布爾什維克主義在最初最脆弱時，只需要兩個協約國的精銳師就可以打倒，而德國人和波蘭人的志願兵出十幾個師本來是沒有問題的。這樣製造出來的政權就不可能是集體安全體系所需要的那種整整齊齊的民族國家了，但這樣做其實對東歐反倒更有好處。

Q 如果一戰是英德結盟打敗法俄同盟，歷史會如何發展？英德之間還會爆發二戰嗎？如果會，哪一方能打贏？歷史又會如何發展？

那麼俄國就解體了。法國在非洲和海外的殖民地，大多數都會落到英國人手裡。俄國在東歐和中亞的殖民地，則在德國和英國的主持之下，大部分都會獨立了。東歐那一部分多半會變成德國在經濟上的附庸國，亞洲那一部分則多半會變成英印帝國在亞洲的附庸國。

接下來，英國和德國又要開始競爭。這一次，德國實際上已經變成東歐霸主，變成俄國解體以後那個殘餘俄羅斯在經濟和政治上的當然領袖，因此這一回就會是德國進入拿破崙和俄國的那個位置，整合歐亞大陸的資源來對抗英國，故事情節的差別其實不會太大的。

英德聯盟對抗俄國，只能意味俄國作為大陸力量，德國作為英國海洋力量的幫手。打敗了俄國，那麼德國接管東歐的資源以後，就會變成新的歐亞帝國的主要領袖。整個情節還是會跟拿破崙戰爭的故事差不多。

Q 如果美國沒有參加一戰，結果會如何發展？如果以和談告終，還會有二戰嗎？

美國不參加一戰實際上是不可能的。

就德國那種急迫的政策來講，實際上是在打擊美國內部的中立派和孤立派。如果不搞無限制潛艇戰，也許還有希望；搞了以後，就沒什麼希望了。但在當時的環境下，德國如果不搞無限制潛艇戰，它的水面艦隊是出不了海的。潛艇戰是它唯一的機會，但這種政策必然會導致美國參戰。

如果德國不搞潛艇戰，那它就會被封鎖在波羅的海內部，等於是一個慢慢熬死的格局，和美國參戰沒有很大的區別。只是，德國在被熬死的過程中沒有大量美軍進入法國東北部前線，不會有一戰結束時法國人突然收復大片領土這種格局。

但這種情況不大可能會發生，因為德國很難在熬不下去時，明明有牌可以打，卻不把它打出來。德國不可能讓英國人把自己一路封鎖在歐洲內地，有孤注一擲的機會卻偏偏不用。

Q 請評價以下說法：一九一四年是整個人類歷史的分水嶺，此前雖然也是戰爭不斷，但都是有限度和文明的，之後則趨向於無國界和野蠻。

在西方文明的範圍內，這肯定正確。如果我們不講政治正確，那麼我們可以說，所謂的近代文明就是西方文明的衍生。中國、非洲和其他國家的近代化，就是歐洲文明進入的結果。

在近代文明或說是西方文明的範圍內，以最近四百年為標準，一九一四年之前的世界基本上是這樣的：雖然有波折，但至少是進三步退兩步，世界愈來愈繁榮、文明、人道，野蠻和殘酷的現象愈來愈少。所以，整個十九世紀，所有的人基本上都抱有樂觀和進步的態度，覺得今後的世界肯定會變得更美好。如果發生革命，那麼革命產生的新政權應該比舊政權更加文明、道德。

馬克思本人也是這樣看的，他設想的那種社會主義、共產主義，跟蘇聯、中國搞的那種現實社會主義、共產主義很少有什麼共同點，他設想的也是一種更加文明、道德的東西。這是十九世紀的普遍共識。

後來大家普遍認為這是一種淺薄的樂觀主義。為什麼？就是因為一戰以後的歷史發展摧毀了人們原有的信心，歷史突然好像出了錯誤，由持續不斷的進步和樂觀，戲劇性地變得愈來愈野蠻。像奧斯威辛集中營這種情況，歐洲人大概很難想像十九世紀會發生這種莫名其妙的怪事。大家會覺得這種現象頂多就是東方人或古代的野蠻人才做得出來，而現在的文明人已經永遠擺脫了這種危險。但事實證明，他們太樂觀了，這種危險又回來了。

毫無疑問，不管原因是什麼、責任歸誰，這是文明整體上的墮落。要知道，這種墮落不是那種低層次的吵架：這件事是國民黨的錯！不對，是共產黨的錯！不對，是蔣介石的錯！不對，是劉少奇的錯！情況不是這樣的，實際上是整個生態不斷惡化的結果。

如果你所在的文明生態正在走上坡，那麼所有人都會走上坡。這就像一個學風很好的學校，今天我第一名拿了獎狀，明天我的同學就要超過我，拿另一個獎狀把我甩在後面，後天第三個人拿了獎，把我們兩人都甩到後面。大家不斷競爭，但都是往好的方向競爭，比誰的成績比較好。十九世紀大體上是這樣的。

二十世紀則屬於一種類似黑社會的競爭，遊戲規則每況愈下。本來北洋政府時期的遊戲規則還是相對比較文明的，現在我孫中山第一個打破了底線，把蘇聯引進來，於是我占了便宜，得到了資金；然後我蔣介石再給你黑一下，於是又得到了什麼什麼；接著毛澤東再給你黑一下……這就等於，我第一次打破底線打破得還不太多，我占了點便宜；然後你第二次打破底線，比我打破的還要多，比我更黑一點，你把我給贏了；接著協力廠商過來了，他比我們雙方前兩次都要黑得多，最後勝利歸了他。總之，在這個下降的生態場中，愈野蠻、愈打破底線，就愈能取得勝利。

於是，二十世紀出現了愈來愈野蠻的情況。列寧剛上臺時，別說資產階級黨派了，就是社會黨人中間的其他派別，像是社會革命黨和孟什維克（men'shevik）都破口大罵，說它嚴重違反了馬克思主義的原理，引入了東方的亞細亞式的野蠻。但過不了多久，列寧死後換史達林上臺，殘存的老布爾什維克又唉聲歎氣說，史達林比列寧那時還要野蠻，把列寧時代不敢打破的底線全都打破了。

蔣介石的北伐已經打破了民國初年軍閥混戰的底線，國共戰爭又嚴重打破了國民黨時期的底線。國民黨滾蛋以後，毛澤東在文革時期又把共產黨執政初期的底線全部打破了。這是一環接一環螺旋形下降的過程。

你要問誰是罪魁禍首？他們全都是罪魁禍首，所有的倖存者都是罪魁禍首。凡是拒絕接受遊戲規則破壞的這些人，也就是比較好的人、堅持較高道德標準的人，一個接一個出局。吳佩孚為什麼會失敗？因為只有他拒絕接受蘇聯援助，所以他失敗，大家還要罵他是帝國主義走狗。

其實真正拿著帝國主義的錢來顛覆中國，把自己打扮成愛國英雄、取得了勝利的人，就是國民黨和共產黨。真正拒絕帝國主義的錢、堅持中國獨立自主的人反而被打倒了，大家全都一起罵他是帝國主義者。

同樣的事又在汪精衛身上發生。他之所以變成漢奸，恰好因為他在所有人當中是最不願意當漢奸的，所以他失敗得最早，最後的勝利者把他打成漢奸了。而真正拿最多外國錢的人反而以革命英雄和民族英雄的身分出現了。一步步惡化的結果，中國終於墮落到五湖四海戰鬥隊和文革那種地步。

在這種情況下，責任屬於所有成功者。大膽說一句，在世界範圍內，一九一四年以後，成功者就是在惡性競爭中勝出的，也就是打破底線比較多的人，而失敗者就是打破底線比較少的人和不肯打破底線的人。

在中國和全世界大致上都是這樣的。在中國，這個遊戲在二十世紀可說是從一九二八年開始，一直到一九七八年為止。在全世界，這個遊戲從一九一四年開始，到一九八九年結束。但我們也可以看到，一九八九年以後的世界多少有點恢復正常了。

Q 阿姨如何看待邱吉爾說的「若美國不參加一戰，紅色俄羅斯和納粹德國都不會存在」？

美國如果不參加一戰，那麼歐洲大陸必然會落入德國統治。但第二帝國習慣的仍是十九世紀歐洲的戰爭倫理，所以照第二帝國在戰時提出的各種條約草案來講，第二帝國所要的無非是一個加強版的普法戰爭和戰後安排而已。

這樣一個戰後安排會嚴重削弱法國和俄國，把中歐的波蘭、烏克蘭這些新興的小民族國家都變成德國在經濟上和政治上的附庸，把大英帝國排除到歐洲之外，但實際上它並不會真正損害大英帝國的海外統治。

這種假想的二十世紀會比我們真實經歷的二十世紀要文明得多，布爾什維克主義這樣的統治不會出現。歐盟將會存在一個旗幟鮮明的領導核心，也就是仍然由德國領導。而且德國的領導是全方位的，包含金融、經濟、政治和安全方面。

而且，一戰以前的德國保留了眾多封建傳統和教會傳統，它不會像現在這個二戰以後的德國那樣，因為政治正確而自我閹割，在小共同體方面受到嚴重損失。

因此，這樣的歐洲並不會像現在的歐洲那樣，面臨土耳其人、敘利亞人或其他難民的威脅，實際上會健康得多。

但在這樣的體系之下，大英帝國無疑是輸家。大英帝國勢必會退回奧蘭治親王以前那種狀態，可能比較接近伊莉莎白女王的狀態，因為它仍然會是列強之一，在海外仍是所向披靡，但在歐洲大陸它將不再有立足點，也沒辦法玩勢力均衡的遊戲了。

Q 如何用達爾文的演化規則來解釋，一戰像是自由歐洲體系內部衍生出來的一種現象？如何解釋一戰這種自我毀滅的可怕現象和人類的災難？

談不上自我毀滅，都是想毀滅別人。即使你完全知道了結果會是怎樣，你仍然無法回頭。

現在不也是這樣嗎？你完全可以看得出發展方向。實際上倒回十幾年甚至幾十年，在江澤民那個時代你就可以看出發展方向了。首先，你打不了臺灣，但又不能放棄臺灣，而為了這個實現不了的要求，你要跟臺灣在全世界去競爭外交關係，需要在美國做各種活動。臺灣實際上是美國的附庸國。你促使美國放棄臺灣的唯一方式就是，使自己變得比美國更厲害。而任何人只要有一點推理能力，推到這一步就可以看出，早在你比美國更厲害之前，美國早就把你做掉了。因此你得不到臺灣，什麼都得不到。

蔣介石在處理滿洲國時，也面臨同樣的問題。但只要你陷在那個局裡面，就什麼辦法也沒有。聰明人都只能做技術和局部的改善。邱吉爾那些人完全清楚，想辦法多造幾艘軍艦，就會刺激德國人也造幾艘。明知如此，又能怎樣？只有大家都多造。

沒有人打算自我毀滅。所謂自我毀滅，是假定全歐洲都是同一個主體，才有這種說法。然而全歐洲並不是同一個主體，而是很多主體，每個主體在博弈當中都是為自己好。即使所有人的博弈反應從集體上來看會導致大規模戰爭，而且早在諾曼・安吉爾（Norman Angell）那個時代就已經有人說過會怎樣發展，但大家仍然沒有辦法停止。負實際責任的人只能針對某個具體步驟採取應對措施，不可能根據在野哲學家的抽象推論來判斷這樣發展下去，所有的步驟累積起來會如何演變。即使他們認同這些，但出於對職位的責任感，他們仍然必須做實際已經在做的事。這就稱為窮盡其內在可能性。

如果此刻你去跟廣東或四川的官員說，接下來你所有的錢都會被榨光，你會變成代罪羔羊，你付不出公務員和教師的工資，員警會依靠黑社會勢力給自己掙錢，然後領不到工資的公務員或是想要搶劫的各種暴民會四處橫行，甚至你自己的機關大院也會隨時被暴民攻擊。一開始龍騎兵會坐高鐵援救你，但過上兩、三年，頂多四、五年以後，一千多個縣中有七、八百個縣都是這種情況，龍騎兵跑也跑不過來。而且龍騎兵的家屬也是住在地方上的，他們也是在各種張獻忠集團的折磨之下快要混不下去，他們漲出來的工資還趕不上通貨膨脹的速度。而且即使他們絕對忠誠，像吳三桂的部隊在明朝那樣一直堅持到最後，他們也分不了身。再強大的東西，你也只能是在全國大多數地方保持穩定，只有極少數地方鬧事的情況下才能分撥得過來。一旦全國大多數地方都是這樣，你怎麼也牽扯不過來，最後你們全都會完蛋。

你以為我說這些話以後，他們能做什麼嗎？他們會不會說，我丟下我的工作不幹了，我就跑了？請問他能跑到哪？美國嗎？越南嗎？阿富汗嗎？他知道了又能怎樣？他只能顧他下個月的工資和下個月的任務。而且他還會像是鮑曼（Martin Bormann）和戈林（Hermann Göring）一樣，哪怕知道德國打不贏這場戰爭，但還是希望在元首死後至少能打倒競爭對手，至少能像過去十幾年升官一樣再升一級官。就算國家完蛋了，我在完蛋之前比競爭對手多升一級官，豈不是比不升要好得多？當然，你多升這一級官的結果很可能是，最後崩潰時你比其他沒升官的人更倒楣。

即使明知如此，他能回頭嗎？如果你處在這個場景中，即使你知道集體博弈的結果必然如此，你也沒辦法回頭。敢在這個關鍵時刻跳出來的人，就像是敢在德軍還沒失敗前，就去刺殺希特勒的施陶芬貝格（Claus von Stauffenberg）伯爵那樣，是極少數智勇雙全的人才做得到的。德國貴族軍官當中尚且只有極少數智勇雙全的人，何況是貴國這些無產階級出身的文武百官呢。他們必定會完蛋。這就是陷在局中的人。

你要是說陷在局中的人是很容易跳出來的，那你也不用到歐洲或一戰去找例子，你就在你周圍，或更乾脆一點，你就從自己與三親六戚身上去找，然後你馬上會明白什麼叫做「內在可能性」，什麼叫做「內生於」。

當你的身分、認同和價值觀被一個系統規範住以後，火星人就能像安排火車時刻表、路線圖一樣清楚地規劃出，你和你周圍的人集體博弈時，他們每個人的路徑集合成一個路徑積分以後，會演化出什麼東西。

我是在一九九六年江澤民還在搞臺海軍事演習時，已大體上推想出將來會發生什麼事了。然後胡錦濤還在時，在軍費增長和財政、社會、經濟各方面的路線上畫了一條線以後，就知道他們致命的交叉是早晚會發生的，雖然還不能肯定交叉點會在什麼地方。在二〇一四年，我相當確定交叉點就在一七、一八年。現在是節點已經過了，神仙也挽不回局勢。你不用去考慮歐洲人怎樣，你就看看你周圍，你要考慮什麼叫做根植於內在可能性的毀滅。在你這一生當中，在未來不算很多的幾年之中，你就要看到這個內在的可能性成為現實了。

局部的合理可以導致整體的災難，這要看你從哪個層次上講。真正有決策權的作用主體並不是整體的文明系統，文明系統這個概念始終是一個局外人和觀察者的概念，真正的作用主體只在博弈中考慮自己和自己的同類，所以這就涉及一個層次性的問題。

各個具體的行為主體按照自己的局部利益和自己對局部合理性的推論採取行動，在他們的範圍內，這些決策是完全合理的，但在整體上卻造成了系統的崩潰。這就像是一場交通事故，所有司機採取的路線都對他自己來說是合理的，但他預見不到整個系統的狀態，預見不到其他司機會採取類似的策略。而所有司機的策略，即使每個局部策略都是合理的，加在一起卻會在某個路口造成交通擁堵或事故。戰爭往往不是設計的，而是由這一系列造成交通事故的類似因素湊到一起而爆發的。

當然，你如果站在局外人的角度來講，你可能事先就能預測諸如此類的事，有一個在什麼情況下會發生交通擁堵的概率，矛盾達到什麼情況以後就會發生戰爭，但即使如此，你也不能改變局勢。

你之所以能做這樣的判斷，是因為你站在天空中，站在火星人的角度，或是站在局外旁觀者的角度。但你如果進入了每一個司機的角色裡面，你要為司機本身的利益設計局部路線的話，你會發現即使你接管了那個司機的位置，你仍然改變不了交通事故的發生。這就是內在於系統本身的可能性。

交通事故是內在於有許多車輛行駛、司機互不謀面、臨時採取策略這種交通系統的內部，大戰也是內在於各民族國家行為主體缺乏互信、各自按照局部利益行事的系統內部。你不能準確預見大戰何時發生，但你可以預見這樣的系統每隔一段時間就會爆發一定的局部戰爭，到了一定程度，各種衝突的累積就有機會把幾場本來可能會發生的局部戰爭變成一場大戰。

大戰的發生是一個類似電子雲的概率雲，它不必然會發生，但有高概率會成真。高概率內在於各個行動主體的行為邏輯，但這不是說事情的發生是他們有意設計出來的。這其實也是人類用行為來選擇，而不是用理性設計來選擇的一個實例。

Q 中國的歷史把一戰視為新舊帝國主義國家之間分贓不均所引發的大戰，請問阿姨對一戰的原因是怎麼想的？您寫過文章認為一戰前的世界是人類最美好的時代，而一戰造成大量人口死亡，開啟全民戰爭、無底線的

超限戰等，但在更早之前的三十年戰爭也造成大量人口死亡，為何只有一戰對人類文明的傷害如此之深？您認為一戰為世界留下了怎樣的遺產？沒有一戰的話，我們會身處在一個怎樣的世界呢？

文明核心區的戰爭是非常少見的，只有伯羅奔尼薩斯戰爭才能與一戰相比。一般來說，文明核心區的戰爭在其黃金時代是禮儀性、儀式性的戰爭，對社會的破壞是非常小的。而且核心區政權之間的戰爭，基本上雙方都是以禮相待，儘管彼此是敵對勢力，但還是把對方當作具有騎士精神、可以共事的人，是點到為止的鬥爭。像路易十四和敵人之間的鬥爭，薩拉丁（Saladin）和獅心王理查（Richard the Lionheart）之間的鬥爭，相互之間都是有一定尊重的。

只有文明與周邊野蠻勢力的鬥爭，才會有真正的破壞性現象。文明核心區內部的鬥爭殘忍化、平民化、全民化，是文明已經熟極而弊的現象，在人類歷史上是非常少見的，一般來說在一個完整的文明週期內只會發生一次。三十年戰爭那種局部性的戰爭，只涉及一個國家的極少數區域，對整個文明沒什麼影響，完全不能相提並論。

Q 俄國參加一戰的原因是什麼？如果不參戰，布爾什維克是不是就不可能上臺？

俄國基本上不可能不參加一戰，除非一戰根本不存在。頂多就是，一戰變成俄國和奧匈帝國之間的戰爭，而德國和英法不參戰。俄國不參戰，那其他幾個國家根本沒有參戰的可能性，因為戰爭就是從俄國開始的。

俄國參戰的根本原因是，俄國的外交政策在十九世紀末期，從神聖同盟以來的君主國團結一致，轉向大斯拉夫主義。俄羅斯君主制之所以滅亡，歸根結柢就在這一點。按照神聖同盟的原則，它應該跟奧匈帝國保持一致，反對弒君的革命黨人，但實際上它卻走上了庇護斯拉夫人（包括斯拉夫革命黨）、反對中歐強國的路線。

第十一章　二戰

Q 如果一九四四年美蘇開戰，日美之間有沒有可能達成和解協議，以日本對蘇宣戰交換日本征服東亞和東南亞？這樣的話歷史會如何發展？

一九四四年蘇美開戰的可能性幾乎是零。史達林是很謹慎的人，他的謹慎跟托洛茨基和季諾維也夫（Grigori Zinovyev）的魯莽形成鮮明對比。史達林以前的共產國際是俄羅斯的敵人，可以說共產國際搶劫了俄羅斯，把俄羅斯當成主要敵人。其他國家的資產階級則是次要敵人，因為雙方沒有直接交戰過，而且隔著一段距離。

如果只有俄羅斯資產階級復辟的話，布爾什維克的下場會很慘。但等到史達林上臺時，俄羅斯的老資產階級已經死得差不多了，所以對他來說威脅不大，再加上他的幹部是俄羅斯出身的土鱉幹部，不像列寧時代的幹部是國際恐怖分子，所以從史達林開始，共產國際為蘇聯服務的成分逐漸增加，蘇聯為共產國際服務的成分逐漸減少。史達林以前的蘇聯或俄羅斯是共產國際的工具，但之後就漸漸反過來，變成共產國際是蘇聯的外交工具了。

所以在史達林鞏固權力，大體上來講也就是一九三七年、三八年以後，蘇聯已經不可能進攻美國了。即使是搞顛覆活動，主要針對的也是臨近蘇聯的地方，對美國的顛覆活動則主要是為了收集情報、操縱美國的政策。

如果從美國這一方面來考慮的話，除了在布爾什維克革命初期、國際干預蘇聯的那一段時間以外，美國基本上不可能再干涉美洲以外的事務。在凡爾賽會議之後，美國就徹底告別歐洲和舊大陸了，所以不可能干涉蘇聯。因此在一九三七年之後，雙方衝突的可能性是零。

如果日本採取比較謹慎的政策、想要避免美國和日本發生衝突的話，那日本就得撤出印度支那，但不必撤出中華民國領土。如果採取這種政策，無論蘇聯怎麼做，日本跟美國都能和解。

在這種情況下和解，汪精衛會變成中華民國的正統政權，然後無論他個人意志如何，他要維持統治的話，就必須加強黨的組織化。因此後來由汪精衛南京政府產生出來的那個國民政府，會比我們現在看到的國民黨更集權一些，吸收了更多的蘇聯成分。同時，即使這樣做了，它實質管制的土地可能也就是長江流域的幾個省。

蔣介石的歷史名聲大概跟塔利班和巴勒斯坦解放組織差不多，滿洲國的名聲則跟伊斯蘭差不多。毛澤東、周恩來這批人會被大多數人遺忘，就像大多數人不會記得恐怖組織「博科聖地」（Boko Haram）到底是白人還是黑人。極少數有特殊興趣的人認識他們，也會直截了當把他們當成黃俄[8]和蘇聯的間諜來看待。

Q 如果沒有羅斯福，而是改由共和黨執政，英語世界會不會與軸心國和解，一起對付蘇聯？

如果共和黨執政，美國多半是在搞孤立主義，很可能不會參戰，或是晚一點才會參

8 黃俄的字面意義為「黃皮膚的俄國人」，在不同語境下有不同的具體含義。在這裡的意思是，中國共產黨繼承了蘇聯俄國的政治體制和意識形態，是蘇聯的代理人。

戰。在那種情況下，戰爭也許不會爆發，或按照另一種方式爆發。英德也可能形成長期冷戰，或英國在得不到美國更加積極支援的情況下，會更早跟德國妥協，讓出歐洲大陸，滿足於獨霸海洋，由德俄去爭奪東歐，或在中東地區博弈。

Q 日本如果在四〇年代不走南洋路線，不衝擊舊的殖民體系，而是專注於經略滿蒙，那麼等德國敗退、歐戰結束時，日本作為軸心國一員，在戰後新秩序裡豈不是很尷尬？而且滿蒙路線面對蘇聯和中華民國都存在直接的地緣衝突，這是否會驅使戰後的蘇聯和中國就像真實歷史中那樣結成大陸同盟？韓戰那種劃分冷戰邊界的戰爭會不會換個地方打響，美、蘇、日、中四角關係將會在亞太地區博弈出怎樣的冷戰格局？日本在滿蒙和華北的既得利益能保住幾成？

蘇聯也是軸心國的一員，暹羅也是。這完全是一個現實政治的問題。如果日本不去進攻印度支那、沒有南洋方面的事情，那麼世界就會變成：中華民國完全投入蘇聯懷抱，變成蘇聯的附庸國，還等不到一九四五年後的那個衝突，在抗戰後期就要完全被赤色勢力吃掉了。然後在冷戰爆發時，日本的統戰價值自然會顯示出來。

日本完全可以像佛朗哥（Francisco Franco）那樣，只要在外交上謹慎得當，等到五〇年代以後，美國會在事實上默許日本作為反共盟友的地位。蘇聯在二戰後期根本沒有餘力來兼顧滿洲國和東方，德國已足夠牽制蘇聯的全部實力了。然後歐洲的衝突一旦開始，滿洲邊境或中華民國境內的衝突達到更高境界，因為既屬於蘇聯這一方、又同時是美國的敵人，這時日本的統戰價值不就自動出來了嗎？

當然最好的辦法就是，把無利可圖、只會消耗實力的中華民國拋到一邊去，直截了當去搞滿洲國和蒙古聯邦，用這兩個東西跟蘇聯死磕。蘇聯在歐洲戰場沒有結束以前，是不敢東下的。等到歐洲戰場結束、該東下時，冷戰已經快要爆發了。日本只要能堅持住兩、三年，自然就會變成美國的盟友。

Q 我不明白希特勒為什麼要打蘇聯？蘇聯有什麼值得搶的？是為了油田？那只搶油田不就好了？蘇聯那麼窮，打蘇聯不反倒賠錢嗎？希特勒有沒有想過，如果打倒了蘇聯，難道將蘇聯併入第三帝國？或扶植傀儡政

權？他扶植傀儡政權，殺農民幹什麼？投降德軍的人他也不肯用。他權力大到其他德國人除了跟他一起玩之外，沒有其他辦法？

臥榻之側豈容他人鼾睡，兩種權力之間總會有衝突。權力的本性就是嫉妒，想要和平共處或劃清邊界，很困難。例如，芬蘭屬於誰的勢力範圍，博斯普魯斯海峽或伊朗屬於誰的勢力範圍，這些都可以構成衝突的理由。要解決這些衝突，最簡單的辦法就是打殘可能的競爭對手。

當然這些問題本身並不重要。即使沒有這些問題，也會有其他爭論。關鍵在於兩個正在伸張的權力，彼此是不相容的。如果蘇聯瓦解成一系列小國、不構成一個權力競爭對手的話，這個問題就不存在了。資源本身的問題，是可以透過貿易、超經濟剝削的政治朝貢方式來解決的。

Q 希特勒在敦克爾克放跑了盟軍，後來去打英國，結果英國沒打下來，還敢去打蘇聯。他打蘇聯也不從內部搞分裂顛覆，而是成立什麼國際、培

養匪諜，發明泛什麼主義、進行統戰，結果蘇聯又沒打下來。德國的軸心國盟友義大利去打北非，被英國反擊，希特勒派隆美爾（Erwin Rommel）去維持現狀，結果隆美爾一不小心打大了，搞得兩線作戰玩完了。是不是這麼回事？希特勒不是作死嗎？

戰爭不是發動的，而是爆發的。實際上所有事情都是這樣的，它會由於不可控制的因素而不斷擴大。無論你最初的計畫是怎麼定的，都不可能完全執行。止損點在哪裡，是依靠失敗來確定。一般來說，沒有碰上適當失敗的話，止損點就不會來臨。

這是從技術層面來講，但背後還有更大的問題是，你所遭遇的外部世界是你自己的一個投射。也就是說，如果你找不到一個合適的止損點，那是因為你給自己設計了一個特殊世界，在這特殊世界中你是永遠勝利的。這樣的世界會把你愈拖愈遠，拖到沒辦法收場的地步。

如果你沒有這樣的特殊世界，或者說你的特殊世界很淺很薄、影響不大，那麼止損點會很快來臨。實際上這就是為什麼失敗是上帝對你最大的恩典、對你最適當的保護。

一個比較正常的人很快就會碰到止損點，然後在碰到失敗時停下來。但在自己的世界一直勝利的人，永遠不會碰上止損點。直到最後時刻，他仍然願意逃入自己的世界，永遠退出其他人所在的這個世界，這樣他在自己的世界中就會永遠勝利。

若日本取得二戰勝利，東亞與西方之間的小冷戰格局會如何發展？

這樣的體系會比較接近十九世紀的歐洲。日本會領導一個包括東南亞和部分東北亞的體系，跟英美的海上體系，或德國領導的歐洲大陸體系、俄國人領導的內亞體系，構成一個合縱連橫的博弈體系。這樣的體系實際上會比二戰結束後的冷戰兩極格局更為靈活穩定。

但日本在這種博弈之下也要做出選擇。從東亞的角度來看，當然是跟著英美體系聯合反對德國和俄國領導的體系，會更有利可圖。

中俄與國際體系的決裂公開化後，世界秩序核心區是否會從根本上重新評價二戰？東亞發明家如何有效搭上這趟史學革命的便車？

從純學術的角度來看，重新評價二戰是絕對必須的。哪怕是在西方，依靠政治正確製造出的那種二戰史，也有一個很簡單的毛病，就是滿足不了學術基本要求。學術基本要求是什麼？就是要能解釋來龍去脈。

而政治正確的歷史等於是一種幼兒科班的東西，你只要說希特勒是壞人，而且因為德國人也是壞人，所以才會讓希特勒上臺，把大家都害慘了。這樣很明顯是把人類的理解力，降低到十九世紀的人想都想不到的地步。泰勒（A. J. P. Taylor）寫的那本《第二次世界大戰的起源》（*The Origins of the Second World War*）挨了無數的罵，就是因為有人認為他把希特勒寫得太好了，把他說成一個投機主義者，想透過恐嚇手段為德國撈到更多利益。

我們首先要把基本格局搞清楚，一戰以後的基本格局是蘇聯以全世界資本主義的挑戰者自居，一面在國內搞原教旨共產主義，一面向全世界各國，尤其是以英法為核心的協約國集團瘋狂挑戰、輸出革命。按照這種趨勢搞下去，不到一代人的時間蘇聯就會把自己耗垮，或者因為在遠東跟日本開戰、在歐洲跟協約國開戰而迅速滅亡。

德國的重新崛起和日本的投機行為，實際上挽救了蘇聯。本來是蘇聯挑戰以英國為核心的世界體系，結果變成德國和日本向世界體系挑戰。挑戰一旦失敗，就留下一個巨大的真空，於是蘇聯趁機打進了這個真空，像蝗蟲獲得一片新的麥田，把將要滅亡的體制重新救起。

簡單說，你可以把世界看成三個層次：英美所在的核心始終是統治者，蘇聯所在的共產國際是挑戰者，兩者之間則是歐亞大陸，法國人是代替世界核心看守歐洲，日本人則代替世界核心看守亞洲。

二戰的結果就是，史達林巧妙的外交政策、日本人的錯誤投機和德國的政變把歐亞大陸這個中間層給破壞了，使蘇聯獲得續命的機會，製造出一大片真空。

真空對共同體有兩種效果：對於已經成型的共同體（例如波蘭），出現一個真空正好是它接管真空的好機會，要不然它還不能出頭；對於還沒有成型的共同體來說，製造一個真空，它還接不上頭，那麼列強只好製造一個假的、科學怪人（Frankenstein）般的共同體，像南斯拉夫和中華民國那樣。

假共同體只有上半截，沒有下半截。其存在目的是，列強必須有一個政治實體填補政治真空，否則就沒有交涉對象了。巴爾幹原來的主人是哈布斯堡帝國，它統治了各個族群，但族群不是民族，只是具備了產生民族的原材料，還沒發展到能升級為政治共同體的地步。

如果奧匈帝國多活幾十年，巴爾幹各民族、克羅埃西亞人、塞爾維亞人之類的，也就漸漸地會像匈牙利人、波西米亞人、波蘭人一樣自立。但它突然被打斷了，這些即將成型的小民族還沒有長大，而列強現在就需要有人填補真空，於是產生了南斯拉夫王國。因為有了南斯拉夫王國，所以必須發明出南斯拉夫民族。

中華民國也是類似的發明。由於大清解體，日本又填不上真空，大家必須有一個中華民國，然後又根據中華民國發明一個中華民族。

Q 希特勒也好，邱吉爾也好，彼此不熟，於是願意採取單邊行動。誰能製造成既定事實，誰就能先占便宜。興登堡死，希特勒自由了；張伯倫死，邱吉爾解放了。老人死在和平的尾聲，新人崛起於新興戰場，新老之間就是您說的節點。共識的建立和瓦解，不斷以各種內容重複。張伯倫要是等到明年再死會發生什麼事？

興登堡（Paul von Hindenburg）一死，法統就滅亡了，希特勒確實因此得到了解放。但邱吉爾取代張伯倫，這個意義不是很大。

邱吉爾和張伯倫的對立，是一群中左派作家和通俗歷史學家製造出來的神話。實際上，邱吉爾的主要政策跟張伯倫沒什麼區別。張伯倫如果再做兩年或一直做下去，他所做的事跟邱吉爾做的事會差不多。

他們唯一的不同就是，邱吉爾是卓越的文學家，而張伯倫不是。邱吉爾擅長寫作，所以在歷史上塑造了一個撥亂反正、威風凜凜的形象。但實際上，戰爭的大部分準備確實是張伯倫做的。邱吉爾上臺以後，也基本上就是繼續做張伯倫已經做的那些事。所以他們兩人之間的交接，即使從保守黨的角度來看，意義都不是很大。

喜愛戲劇性場面的讀者，當然會覺得邱吉爾是一位了不起的人物，尤其後來又有了鐵幕演說這一套。但即使邱吉爾根本不存在，張伯倫當首相一直當到一九四五年，再一模一樣地被工黨和艾德禮（Clement Attlee）趕下去，也沒人做鐵幕演說，那麼故事情節的發展還是不會差別很大，只是這個用嘴演說的戲劇性角色，說不定會被另一個美國人、某一個波蘭流亡者或其他什麼人來替代。

甚至鐵幕演說根本不存在，對歷史也不會有重大影響。要知道，鐵幕演說只是一個民間人士的演說，作用跟今天班農（Steve Bannon）開的某一次會議是差不多的。就算沒有這次演說，等到捷克、希臘、土耳其的事情一樣一樣發生以後，即使是艾德禮的工黨政府，他們所做的事情也會跟歷史實際上發生的事情差不多。

Q 邱吉爾為什麼可以拒絕希特勒和談，選擇開戰？這似乎不是明智的選擇，電影和資料不停宣傳「正義戰勝邪惡」，以及邱吉爾個人的煽動與決斷，感覺怪怪的。

並不是邱吉爾拒絕和談，而是英國拒絕和談。即使是張伯倫，他在比利時陷落以後也會拒絕和談的。這跟捷克斯洛伐克完全是兩件事，英國人根本不該管中歐，但一定要管低地國。

如果張伯倫繼續擔任首相，就算他可以放棄捷克，甚至可以放棄波蘭（順便說一句，他沒有放棄波蘭，決定為波蘭打仗的是張伯倫而不是邱吉爾），但沒有任何英國人會願意放棄荷蘭和比利時。無論是希特勒、拿破崙或任何人，只要不肯撤出荷蘭和比利時，無論你是法國人、德國人還是西班牙人，英國人一定會把你打到粉身碎骨。也只有這一點，對任何英國人來說沒有絲毫妥協餘地，是不是邱吉爾完全無關緊要。

Q 如果一九四四年的史達林錯估自身實力，下令將歐洲的盟軍趕下大海，局勢會如何發展？對歷史有什麼影響？

史達林是一個精明的現實主義政治家，他從來沒有這樣的打算。如果邱吉爾當時堅持要多一點，也要匈牙利和捷克，史達林還是會讓步的。

史達林的性格跟希特勒那種賭棍不一樣，他對德國和西方盟國的態度都是這樣的：我首先漫天要價，盡可能磨你，如果能多磨到一些東西，那很好，但如果碰上堅強抵抗，他就會在戰爭邊緣迅速退回來，絕不肯冒戰爭的風險。他不會像希特勒那樣，真到賭不下去時就真的翻臉。他不在乎面子，維持不了面子就會主動撤退，然後拿李維諾夫（Maxim Litvinov）或莫洛托夫（Vyacheslav Motolov）這樣的人當代罪羔羊，再殺一批原來政策的執行幹部，問題就解決了。

Q 假設一九四四年七月二十日的行動成功了，國際形勢是否會不一樣？比如納粹主要頭目會被一網打盡，而西線會如隆美爾等軍方將領計畫的那

樣，迅速給盟軍讓開通道而結束戰爭，美國就此停止給蘇聯援助，迫使蘇聯還沒打到東普魯士就收手，後來被報復清算的普魯士軍官團和容克（Junker）貴族也可以保留到戰後，戰後的歐洲地圖和政治格局會完全不同。甚至主要針對德國的曼哈頓計畫也會停擺，日本不用挨原子彈，人類進入核時代的時程會大大往後推。這樣看來，一個參謀挪動公事包的小舉動，深刻影響了人類歷史進程？

當時盟軍已經跟蘇聯商量好一定要無條件投降了，所以德國還是得無條件投降，但德國社會本身受到的損失會小得多。而且這時連匈牙利和捷克都沒有淪陷，以後鐵幕的邊界劃分會非常不一樣。像匈牙利這樣保守派的社會基礎非常堅固，而且在提前戰爭的情況下不會直接落入蘇聯占領的地方，很可能根本就不會進入東歐陣營。

東線的戰爭提前一年結束，那麼蘇聯的壓力會更早壓到滿洲，所以蘇聯很可能會更早進軍滿洲。在滿洲這個問題上，蘇聯沒有什麼可讓步的，而西方國家也沒有意願跟蘇聯相爭。那就看日本肯不肯讓出滿洲、及時求和了。

Q 如果太平洋戰爭沒有爆發，日本在吞下東南亞和東亞以後會進攻澳紐嗎？如果在這過程中付出了重大代價，日本還會繼續向印度擴張嗎？美國不干涉的話，軍部控制下的日本擴張極限在哪裡？

如果美國完全不干涉，日本就會變成亞洲的解放者，向英屬印度下手，建立起一個以東亞為核心的黃種人的國際體系。英、法、荷在東方的諸帝國會解體，印度、東南亞各國都變成日本的被保護國，然後日本以此為資本，跟英、德、俄等歐洲列強，以平起平坐的身分交涉。但到了這一步，日本恐怕沒有進一步擴張的欲望。如果英國人肯放棄印度，日本大概不會進攻澳大利亞和紐西蘭。如果進攻澳大利亞和紐西蘭的話，對美國的傷害大於英國，基本上沒辦法避免美國捲入。但為了保衛印度，英國人又很難不動員澳紐軍團。甚至僅是為了保衛新加坡，英日之間還是免不了衝突。

Q 假如納粹德國打敗蘇聯，會在俄羅斯推行什麼樣的政治制度？這會導致俄羅斯解體嗎？減去了列寧主義五十年的透支，今天的俄羅斯在經濟上

即使達不到北歐水準，至少能接近東歐的發展水準？

德國人的計畫是早就制定好的。德國準備把俄羅斯核心地帶劃分為四個總督轄區，在其中土地比較肥沃的地方，建立大片日爾曼人的殖民點。

這個計畫實際上是想把過去條頓殖民者在中世紀開拓波羅的海的工程擴大幾十倍，把條頓騎士在波蘭和立陶宛建立騎士團國家，即建立立窩尼亞（Livonia，拉脫維亞的前身）騎士團與里加城的經驗，推廣到整個俄羅斯內地去。

按照他們的計畫，德國人殖民區以外的俄羅斯人將會作為下等農業勞動者，單純為殖民者提供糧食和原材料。

Q 如果控制中東歐和內亞的納粹帝國，與控制東亞大陸和東南亞的日本帝國結盟，一起與美英進行冷戰，世界局勢會如何發展？誰能笑到最後？那樣的世界與現實的世界比起來，哪個更好？

德國肯定會輸，因為它掌握不了海洋。在歐亞大陸上多拿或少拿一點，不影響大局。而且從大陸通向印度之路，也僅僅是因為失敗了，才顯得很有希望。其實成功了以後，也不比現在的一帶一路強多少，更不比拿破崙曾經實現過的大陸計畫強多少。海洋是沒法替代的，而且日本和德國是不能真正合作的。在這種情況下，英國必然會跟日本結盟。

Q 阿姨怎麼看二戰中的邱吉爾？

邱吉爾是浪漫主義的人。他雖然是貴族，但帶有知識分子的性格，因此他喜歡誇張，喜歡著書立說。英國貴族傳統在其黃金時代產生出來的人物不像他那樣誇張，他是英國貴族傳統衰退的產物。他這樣誇張的人能夠上位，是這個傳統本身已經受到威脅的產物。即使如此，這個已受到威脅和削弱的貴族傳統，仍然比世界上的大多數地方要強得多。

所以，首先就要看你是誰了。如果你不是盎格魯人，那麼你就要注意，你裝扮火星人時要有節制，也就是說你沒有資格評價在歧視鏈上比你高得多的人，他再差勁也比你強，在這層意義上你才能做進一步討論。

假如你要臨時裝一裝火星人、從火星人的角度做客觀分析，那你得承認，邱吉爾的名聲比張伯倫大、又比十九世紀那些默默無聞的政治家要大，這件事實際上是英國衰退的產物。

張伯倫其實沒做錯什麼。在轉型時期，他已經做了他需要做的任何事，而且他沒有背叛英國。他的綏靖政策只是：第一，作為紳士，他必須給每個人留點餘地；第二，由於並不是他，而是以前的麥克唐納和鮑德溫（Stanley Baldwin）這些人廢弛了大英帝國的軍備，他在扭轉這個趨勢，但任何做實事的人都不能像放口炮那樣，插一面旗子，我說是什麼就是什麼，做實事的人是不能靠插旗子來做事的，他必須一步步去做，所以他需要時間，換了任何人都需要時間，而他在他得到的這些時間當中，已經是做得盡可能好了。

邱吉爾雖然比他更誇張，但他也一樣需要時間。他上臺以後說，現在我們什麼都沒有準備好，等到一九四四年就什麼都準備好了，但到了一九四四年，仗已經快要打完了。實際上，他沒有錯，張伯倫也沒有錯。

知識分子把他和張伯倫搞成對立的人物，這只是知識分子想要把歷史戲劇化、簡單化的一種趨向而已。而且其中還包含一個不好的動機：大多數知識分子在張伯倫的最初幾年都在罵他是帝國主義者，然後又反過來罵他不夠帝國主義，以掩飾自己最初判斷錯誤，把錯推到張伯倫身上，好像他們一開始跟邱吉爾一樣判斷正確。

邱吉爾當然是判斷正確的，但他那個正確判斷是很險的。他是一個貴族階級的邊緣人，一個行為古怪、藝術家色彩很濃的人。這樣的人出來充當先知（請注意，穩健的貴族傳統並不需要先知）就說明整個貴族傳統已經有點撐不住了，否則也用不著他這樣的人出山，或他這樣的人也得不到足夠的支持。

Q 阿姨怎麼看二戰的結果？

二戰是一戰的直接繼續，是一戰摧毀了十九世紀文明的基本結構以後的附帶現象，並不像一戰那樣重要。

兩者之間的差別是，例如有間房子有一個主人，那麼草地必然是天天有人剪，一戰是那個主人突然死掉，房子看上去還不怎麼破，二戰是主人死了，因為沒人修房，沒人剪草，草地就突然瘋長起來。表面上看，主人死亡前後，草的高度差異不是很大，然而二十年過去，草卻長成一片森林似的。

也就是說，二戰表面上看起來的後果比一戰要大，但實際上重要的是一戰，二戰只是一戰必然會產生的一個附帶後果。

Q 冷戰最大的贏家與輸家各是誰？如果沒有冷戰，誰輸誰贏會有改變嗎？

贏家和輸家這件事，要看時間線有多長。因為短期的贏家往往是長期的輸家，而且沒有人可以永遠贏下去。除了你可以說上帝是永恆的贏家以外，凡是世俗之人，沒有誰是真正永恆的贏家。如果我們按照一般世俗歷史學家判斷問題的辦法來界定時間線，那就可以定出這樣幾個時間線：

假如時間線是五十年以內，那麼列寧主義組織技術是最大的贏家。它不僅以極小的資源破壞了極大的區域，像一個能幹的強盜給自己搞到了很多資源，而且它深刻影響了二十世紀和二十世紀以後的政治組織。

如果說法蘭西創造的民族國家，是十九世紀對於政體的最大貢獻，那麼列寧創造的布爾什維克組織學，就是二十世紀對政治組織最大的貢獻。第三世界後殖民化以後建立的幾乎所有政治組織，都有列寧黨的痕跡。儘管它們不是列寧黨，但它們為了反對列寧黨，也吸取了列寧黨的組織技術。各國的民族建構，參照蘇聯的地方很多。即使是美國，冷戰自由主義為了反對蘇聯，實際上也暗中吸取了蘇聯很多東西。所以從五十年這個時間線來講，列寧黨或說列寧主義組織技術，是最大的贏家。

如果從一百年左右的時間線來看，美國和以美國為代表的威爾遜主義的新羅馬秩序，是最大的贏家。蘇聯、共產主義和其他挑戰者等於都是扮演了陳勝、吳廣的角色。陳勝、吳廣以為自己可以成功，李自成、張獻忠以為自己可以成功，他們都以為自己可以稱帝稱王，但歷史給他們安排的真正使命只是為聖主驅除，也就是為劉邦、李世民、康熙這樣的真命天子驅除，美國、新羅馬、威爾遜主義就是這樣的真命天子。共產主義所做的一切都是清理場地，清場留下的空白最後都要歸於美國、新羅馬、威爾遜主義的秩序，它才是這個百年期的真正勝利者。

如果從更長的時期、從演化論的角度來說，也就是至少要有五百年或一千年左右，那麼最大的失敗者就是大共同體，包括共產主義、官僚福利國家的所有吏治國家。勝利者則是像教會這種幾百人、幾千人、具有自治能力的小團體，例如天主教會、團結工會、塔利班、右區（Pravyi sektor）。

它們再一次證明，無論文明的天花板、上層建築的塔尖能升到多高，最底層的基石必須是小共同體，它永遠不能消滅。任何人削弱了小共同體，塔尖就會塌下來。而且即使是在塔尖塌下來時，小共同體仍然存在。塔尖不是所有時候都存在的，但底下的石塊卻始終存在。人類歷史上最有生命力的組織，始終是這樣的小共同體。

Q 如果美國沒有直接參加二戰，戰後會強迫英法解散殖民地嗎？

美國如果不參加二戰，那麼無論它多麼富裕，仍然會把美洲變成一個大型的世外桃源，世界仍然會由英法和歐洲國家主導。

那時的世界仍是以殖民主義為主的世界，而且殖民主義仍像是十六世紀或十七、十八、十九世紀那時一樣，是一個正面的褒義詞，是有能力、有責任感、有英雄氣概的人才做得出來。那時的殖民主義是奴隸制、盜匪行為和各種土著暴君的對立面，代表一種弔民伐罪的力量，把文明輸出到野蠻地區。

以前的人對殖民主義這個詞的感覺，就像我們現在對聯合國維和部隊的感覺一樣，認為自己是在做賠本生意，跑到野蠻的地方去給你維持秩序，拯救那些即將被賣做奴隸或遭到毒害的各種弱勢團體。我是賠本的，主要是為了救你們。

Q 為什麼二戰後期美國不把蘇聯一起解決掉？是因為蘇聯匪諜的滲透嗎？

美國人本來就是孤立主義情緒很重，為了說服他們參加歐洲的戰爭，已經要費九牛二虎之力了，更別說在戰爭結束以後還要讓他們再打一場新的戰爭，這個任務是任何政治家都完成不了的。非但不可能再打一場新的戰爭，就連已經服役的士兵急著復員的要求都無法抗拒。艾森豪後來之所以很得人心，就是因為他把歐洲戰場的幾百萬美軍迅速順利地送回老家，這些士兵對他的工作成績非常滿意。

美國軍隊重返歐洲，那是在柏林封鎖以後的事。西歐國家已經殘破不堪，沒有能力保護自己，而蘇聯不但沒有復原，反而咄咄進逼，在這種情況下美國才很勉強地派一支新軍到歐洲。但這支新軍的組成已經不是歐戰時期的老兵，而是更年輕的一代。你讓做了一次的老兵做第二次，根本不可能。

Q 美國參加二戰是偶然還是必然？如果日本沒有對外擴張，在沒有珍珠港事件的時空中，美國會介入二戰嗎？

無論戰爭按照什麼方式進行，美國早晚會站在英國這一邊，但不一定會採取正式參戰的方式。至於太平洋戰爭，偶然性是很大的。日本人不一定會反對英國，反而可能會跟英國站在一起。而國民黨的中華民國，本來是很可能跟德國人站在一起的。這當中的偶然性實在太多了。

美國介入太平洋戰爭，是偶然性極大的事，談不上有多大的必然性。日本之所以走到這個地步，也是一系列陰差陽錯的結果。而且即使日本人已經走到了深入南洋的地步，珍珠港事件也很難說是必然要發生的。

Q 在阿姨的歷史講述中，我看到的都是人類文明怎樣失敗，沒有看到歷史怎樣勝利，包括二戰。二戰作為一場正義與邪惡的戰爭，我認為其參與者和交戰雙方，無論是戰勝的一方還是戰敗的一方，都沒有勝利者可言，全都是失敗者。某些東亞國家以捍衛二戰勝利果實為名，為自己撈取私利，這是很無恥的行為。我認為，二戰是邪惡法西斯國家對人類文明發起的挑戰。希特勒最終自殺身亡，但這好像是邪惡勢力聰明地犧牲

了自己，而成功地對文明世界實現了迦太基（Carthage）式的身後復仇計畫。我多次在美國人拍的《國土安全》（Homeland）這部劇裡，活生生看到他們描寫的恐怖分子怎樣實現了身後復仇。東亞國家的歷史和冷戰的歷史，再明顯不過了，它就是證明了這樣一種歷史現象。您對這種歷史現象是怎麼看的？

這完全是一個標準的問題。勝利的傳統標準指的是政治上的作用主體：你打敗了誰，你就是勝利者。但知識分子寫的歷史在談論勝利時，經常不以此為標準，而是談論文明、人口或經濟受到了很大損失，然後就認為沒有勝利者。

但這其實是一個修改定義的現象。按照最原始、最狹義的定義，那麼當然是誰打贏了誰就是勝利者。戰爭必然有勝利者和失敗者。你沒有必要抽象地談論人類文明勝利或失敗，因為戰爭的主體不是人類，而是具體的政治集團。某個政治集團勝利了，對人類文明產生了什麼效果，那是另外的事，人類文明這個概念是從旁觀者或局外人的角度來說的。

從人類文明的角度來講，二戰當然不算勝利，因為它雖然摧毀了希特勒集團，卻留下了比希特勒集團更加邪惡的布爾什維克集團。它只在西歐這個局部意義上是勝利的。

也就是說，不僅英法美在狹義上取得了勝利，而且在西歐這個局部，希特勒是比史達林更大的威脅，史達林的手伸不到西歐，希特勒的手能伸到西歐，所以西方集團實際上是消滅一個距離比較近、因此更有急迫危險的小邪惡勢力，而放過了一個距離比較遠、禍害範圍是在東方和歐亞大陸各國的大邪惡勢力。對任何人來說，自己房屋邊上的小強盜，比十萬英里外的大強盜可惡得多。

抽象的人類文明標準，也得看中心和邊緣。因為中心是在西方文明，希特勒可能摧毀西方文明的核心，而史達林只能在邊緣地帶吃一些邊緣國家，所以從這個角度來講，儘管比希特勒更邊緣的史達林代表了更大的邪惡，而二戰優先摧毀了希特勒的勢力，仍然可以算是文明的勝利。

所以，什麼叫做勝利，什麼叫做失敗，你首先要把主語搞清楚。主語沒有搞清楚，全句的內容自然就不會清楚了。你當然可以出於修辭的需要，或為了表現自己深刻的見識，重新修改一下勝利的標準。對誰是勝利？是對於全人類，還是對人類文明的核心呢？相對於誰，標準是什麼？然後你才能說清楚，誰是勝利者，誰不是勝利者。有很多無謂的爭議，其實都是由於沒有搞清楚主語是誰而造成的。

Q 史達林、希特勒、墨索里尼、東條英機這些人的等級怎麼排，人類等級至低的典範有哪些？將東條英機劃入是不是不合適？

這些人沒辦法相比。希特勒是列寧的孫輩、墨索里尼的弟子輩，自己就是革命導師，而史達林只是革命導師的繼承人。

如果希特勒去世以後平安地將帝國交給了他的秘書鮑曼，鮑曼在權力鬥爭中打敗了戈林元帥、希姆萊（Heinrich Himmler）和其他一些人，占據納粹德國寶座二十年，那麼鮑曼擔任第二代元首統治的德意志帝國，就會比較像史達林統治的蘇聯了。

希特勒只能跟列寧和墨索里尼比較，他的繼承人戈林、鮑曼和希姆萊才是托洛茨基、季諾維也夫和史達林的角色。

東條英機根本不是一個領袖，他在自己的派系中都稱不上是領袖。即使是在日本軍部勢力當中，他也只是一個才幹平庸的中級軍官，領導不了任何人的。無論是天皇、元老，還是皇道派或統制派的政治家和軍人集團，他在當中都只是一個小角色。幾乎沒有任何重要政策是東條英機決定的，他也沒有對當時和原先的明治憲法體制和昭和體制做過任何重要更改。

Q 納粹的意識形態屬於左翼還是右翼？

當然是左翼。納粹是國家社會主義德國工人黨，名叫「社會主義」和「工人黨」的怎麼會是右翼。從技術上講，納粹是法西斯主義和史達林主義的綜合，而這兩個主義都是列寧主義的直接後裔。

墨索里尼原先是社會黨人，他改變社會黨的議會道路，轉而搞群眾暴力，就是從布爾什維克奪權獲得的啟示。布爾什維克原先是少數派，但少數派的流氓戰鬥力很強，別人都在文質彬彬開會時，他找一些逃兵集團和打手進來沖散會議、趕走代表，占領了會場，於是第一屆蘇維埃就變成第二屆蘇維埃了。

墨索里尼就是學了這一套，先在自己的祕密基地訓練一些身強力壯、頭腦簡單的打手，然後去沖別人的集會，用這種方式奪取了政權。然後納粹又學了他。

Q 如果納粹維持統治，歐洲是比現在好還是比現在差？

西歐會比現在更壞，但俄羅斯反倒會比現在更好。

納粹如果能維持統治，不外乎兩種可能性。也就是它在戰爭邊緣止步，或英法做了進一步的綏靖。那意味著，德國透過直接或間接、緩慢或激進的手段都不重要，總之是統治了整個大中歐，用和平方式維持了一條針對蘇聯的防禦線。或者它會在以後的幾年或幾十年乾脆對蘇聯發動進攻，而獲得英法進一步的綏靖。這樣一來，共產主義會迅速倒臺。

納粹的統治雖然殘暴，但它還保留了私有財產和一定程度的司法獨立與言論自由。相對於史達林的暴政，大多數俄羅斯人和烏克蘭人有理由認為納粹的統治比較寬和。而且至少在納粹的統治之下，不會有集體農莊。

Q 阿姨曾經有個比喻，把納粹比作手術刀，那麼納粹想要醫治的是什麼病、對付的是什麼人？

納粹就像是一把刀，人人都怕刀怕疼，所以它給人的威脅表面上很大，給予直接的打擊。如果你頂不住，這一刀就砍下去了；如果你頂得住，威脅馬上就過去了，從此不會再有。

而蘇聯像病毒，不直接進攻。如果面臨堅強抵抗，它會迅速讓步。辦法是潛入你的內部搞顛覆，在沒有明顯戰爭的情況下，使你的政治機體一點點腐爛直到不可救藥的地步，然後像一顆爛透的蘋果從樹上掉下來，輕而易舉落進它的手裡。

所以納粹激起熱戰，蘇聯則激起了冷戰，這不是沒有道理的。納粹在能夠威脅別人時就占領了捷克斯洛伐克和奧地利，在別人不肯讓步的情況下只有硬著頭皮打下去，直到打輸為止。哪怕是打輸，都不讓步。

Q 如果施陶芬貝格成功炸死希特勒，納粹德國和二戰會怎樣發展？

德國會發生內戰，納粹黨人控制的軍隊和舊貴族控制的軍隊，鹿死誰手尤未可知。如果貴族軍官真的贏了，把納粹黨消滅了，那他們當然會試圖跟盟軍和蘇聯議和。因為盟軍已經先確定了無條件投降，所以外交上來講，他們即使搞掉了希特勒也為時太晚，占不到什麼便宜，但德國貴族的核心可能會因此得以保留。

希特勒為什麼要殺猶太人，又為什麼要殺斯拉夫人呢？

按照希特勒的種族鬥爭理論，猶太人就是混入雅利安人的內奸，殺猶太人就等於抓特務。

希特勒其實沒有殺斯拉夫人，他只是認為斯拉夫人比日爾曼人低劣。希特勒的軍隊占領東歐時，對烏克蘭人和大多數東歐人來說是一種小型的解放。集體農莊解散了，糧食可以歸自己了，日子比史達林統治時要好得多了。所以當地農民把史達林派來搞破壞的間諜，主動抓起來送給德軍。

當然，要說希特勒對烏克蘭人或斯拉夫人很好也並非實情，他始終認為那些人是二等人，但他並沒有大規模屠殺他們，屠殺他們是史達林做的事。

希特勒的權力基礎和毛澤東有什麼不同？希特勒需要像東方人那樣培養私人關係來掌握權力嗎？希特勒和戈林、戈培爾（Paul Goebbels）之間是私人權力關係嗎？權力的本質是什麼？

希特勒是希臘意義上的人民領袖，他是依靠人民的支持上臺的。儘管他沒有得到多數人民的支持，因此不符合嚴格的民主定義，但他在民主社會中是擁有相當多支持者的，足以符合人民領袖的合法定義，雖然不見得能構成執政黨的合法基礎。

毛澤東則根本不屬於這個範圍，他不是希臘意義上的人民領袖，他從來沒有獲得人民的支持，也從來不想獲得人民的支持。他只需要透過僭主、兒皇帝的手段，借用蘇聯的勢力，同時利用蘇聯對東亞社會的不了解，把政治基礎建立起來，然後讓自己手下的一幫文人去給自己捏造傳說就行了。

這就體現在他們的政策上。納粹雖然殺了猶太人、侵略了很多國家，但它對支持它的德國工人和德國下層階級是極好的。即使是戰爭打到最困難的時期，整個歐洲都在挨餓時，希特勒還在忙著給這些人減稅，給這些人搞大眾汽車。因為這些人有實力把希特勒推上寶座，希特勒也需要他們的支援。

而毛澤東聲稱工農聯盟支持他，則是一個純粹虛擬的概念，他對這些人從來都不好，也從來不需要他們的支援。即使是在奪取天下的過程中，他對這些人都是極其苛刻的，因為這些人對他來說只是一些資源。希特勒從來不敢對他的支持者這樣做。

戈林不是黨務系統的人，雖然他不屬於舊普魯士軍官系統，但他在德意志國家中有合法的地位。戈培爾則是黨務系統的。戈林和戈培爾能各據一方，實際上就說明德國的黨政關係是比較平衡的，國還是比黨要強大一些。如果換成蘇聯的話，那麼黨務系統就會完全騎在國務系統之上。

Q 為什麼納粹在西方受到嚴格限制，共產黨卻廣受包容？猶太人為了報仇，當然要指控納粹是全宇宙最邪惡的；蘇聯共產極權和各共產黨國為了樹立合法性，當然也要指控納粹是全宇宙最邪惡的；英美為了師出有名，掩蓋自己為了霸權而勾結共產極權的罪惡，當然要竭力誇大納粹的邪惡。猶太人為了掩蓋自己創造出共產極權的罪惡，也需要無限誇大納粹的罪惡。結果，曾經最有效遏制赤禍蔓延的納粹，成了全世界的首惡，而匪共倒廣受包容；而猶太人則獲得了最大話語權，直到今天。以上敘述哪些正確，哪些需要糾正？

受到嚴格限制的也就是德國。也只有在德國，納粹、無產階級和反資本主義的潛勢力有著根深蒂固的聯繫。

義大利親法西斯的黨派是議會中的大黨，早在一九七〇年代就已經是重要政黨，經常能得到百分之二十幾的選票，現在他們的勢力仍然是這樣。墨索里尼的孫子是一個重要的政治家。西班牙的人民黨作為西班牙兩大黨之一，經常執政，是佛朗哥政權的直接後裔。霍爾蒂（Horthy Miklós）海軍上將則是匈牙利的民族英雄。法國的老右派，也就是第三共和與德雷福斯（Alfred Dreyfus）時代那個意義上的天主教右派，也是始終存在的。

只不過，這些右派雖然經常被左派勢力罵成法西斯或納粹的同類人，但他們既不是法西斯，也跟納粹無關。他們的政治脈絡並沒有因為二戰和冷戰而中斷，直到現在他們的繼承者都仍然存在。

嚴格來說，義大利以外是沒有法西斯的，德國以外也是沒有納粹的。如果把定義放寬一點，那就變成粉紅左派[9]所謂的那種比較頑固的右派，或是曾經跟第二次世界大戰的德國發生過各種曖昧關係的右派，按照後面兩種定義的納粹分子，他們的傳統並沒有

---

9 傳統上，紅色與社會主義或共產主義有關，而粉紅色則被認為是紅色的較溫和版本。粉紅左派意在形容那些左派傾向明顯，但更為溫和、妥協或理想化的人士。

中斷，始終存在。按照第一種定義，即嚴格意義上的納粹，在德國和奧地利之外是沒有的。

在更遙遠的地方，例如伊朗或泰國，伊朗為什麼由波斯改名叫伊朗？泰國為什麼不叫暹羅而改叫泰國？這都是在一九三〇年代學德國的結果。在它們這裡，還有在阿根廷和拉美這些地方，統治者一直是英國人，親德反英的勢力是民族解放運動傳統的一個重要來源。

當然，阿拉伯世界就更不用說了。本．貝拉（Ahmed Ben Bella）那些人，與二戰最初的反猶主義者，像侯賽因（Amin al-Husseini）這些人，查一查他們的背景就可以知道，他們都是依靠德國，反對大英帝國在世界上的統治。但他們親德反英的目的當然不是在思想上對納粹有什麼同感，只不過是為了借助德國的巨大實力，企圖把自己的民族發明學，以牽強附會或確有依據的方式聯繫到雅利安人身上。即使是今天何梅尼（Ayatollah Khomeini）建立的伊斯蘭共和國，它仍然不把自己叫波斯，而堅持叫伊朗，伊朗就是雅利安。

所以在歐洲以外的地方，若要說跟納粹有過關係、或是接觸了德國一部分種族主義理論的政治傳統並不存在，那顯然不是這樣的。甚至可以說，在第三世界這個範圍內，親德和親蘇的勢力是沒辦法區別的。

意思就是，除了極少數根正苗紅的共產黨員以外，阿拉伯世界所謂的民族解放力量，到底是希特勒還是蘇聯的後代很難釐清，這兩者是結合在一起、沒辦法分離的。無論是納賽爾主義（Nasserism）、阿爾及利亞民族解放陣線還是巴解組織那些人，他們都同時是德國人和蘇聯人的後裔。

第十二章　冷戰

Q 一九四五年若是美蘇開戰，會是什麼結果？

一九四五年沒有戰爭的可能性。美國全民一心想回去過孤立主義的好日子，沒有任何美國政治家能背離這個民意，除非遭到蘇聯主動進攻和全面戰爭。但蘇聯的政策是得寸則寸、得尺則尺的阿米巴式擴張，遇上堅強抵抗就會馬上後撤。那是一種試探性的擴張，看看你有哪些地方抵抗不夠堅定或是不大想要，就一口吃下來，如果碰上強烈抵抗則會後退。

所以在這種情況下，基本上打不起來。真要打起來，當然是蘇聯輸。因為蘇聯當時的核武器還是實驗性質，沒什麼用。美國則有長程轟炸機，能越過北極進行轟炸。而蘇聯的大部分軍隊，後勤支持都是依靠美國；要是沒有美國，連卡車都補充不上。

Q 為什麼史達林一開始對韓戰十分冷淡？金日成在模糊地帶挑釁的作法，不是符合他的一貫方針嗎？貴匪內部最初一致反對毛澤東出兵，是受到慈父想法影響嗎？

你是受到沈志華影響了吧，把檔案說的東西都當真了。像你這樣研究下去，就會說幾乎羅馬天主教的所有主教都是迫於形勢才當上主教的，因為會議紀錄很清楚，在他們當上主教的那個儀式中，他們要連說三遍「我不想當主教」，然後在廣大信徒一再勸說之下，才勉為其難不得已當上了主教。

你也會相信，曹丕迫使漢獻帝禪位不是出於他的本心，因為所有的檔案和信件都說，曹丕第一次接到群臣想要讓他當皇帝的建議時大驚失色，差一點昏過去，然後用了很長的時間擺事實講道理，說明他為什麼不適合當皇帝、不應該當皇帝而且從來都不想當皇帝，最後是在漢獻帝和廣大群臣聯合起來的壓力之下，才迫不得已當上皇帝的。

Q 如果蘇聯取得冷戰勝利，在七〇年代成功赤化全球所有國家和地區，歷史會如何發展？

這個問題等於是說，如果禿鷹吃掉了所有屍體，這世界上是不是就沒有動物了？答案顯然是不可能的。因為禿鷹早在吃光所有動物屍體之前，已經由於屍體減少而快要餓死了。

蘇聯是解構者，而不是建構者。也就是說，蘇聯沒辦法靠自己建立起社會共同體或基層組織，沒辦法像是基督教取代羅馬城邦、伊斯蘭教取代基督教，或基督教和伊斯蘭教相互取代那樣，建立另外一種不同於原來那種形式的文明。

只有文明的建設者才能取代更古老的文明，把自己變成新文明和世界的繼承者。純粹的解構者（如共產主義）只是禿鷹，只能吃病弱的動物和屍體。當病弱的動物愈吃愈少時，也就是說它完成了對生態系統的貢獻以後，它就會由於沒有東西吃而漸漸餓死。

它所攻擊的都是蔣介石型的政權；如果是美國那種形式的政權，它就會碰上麥卡錫了。換句話說，只有一個自身非常脆弱的社會才能被共產主義清除；清除了以後，剩下的都是它無法清除的強健社會，這時它就要瀕臨餓死了。它不可能清除所有動物，只能在適合捕食的脆弱社會減少到一個臨界值以後自己餓死。

七〇年代恰好是這樣的時代：它摧毀了最後一個脆弱社會，也就是東南亞那些非常類似蔣介石的政權。但很明顯，它在阿富汗摧毀不了任何伊斯蘭教勢力，反而被伊斯蘭教勢力倒逼回來，在波蘭已占有的地方則被天主教會倒逼回來。這就是生態系統越過了平衡點的症狀。

生態系統在禿鷹餓死太多時，會積累太多屍體和病弱的生物，然後本來已經快餓死的那些禿鷹，會因為食物實在太多、太容易得到食物而迅速繁衍起來。但等禿鷹一直繁殖到數量太多、而屍體和病弱動物太少的地步，禿鷹又會餓死。當禿鷹少到接近臨界點，生態系統的屍體又會漸漸多起來，然後才會催生新的禿鷹。整個演化過程就是這樣運作的。

Q 若羅斯福活完最後一個任期，他在戰後處理的大方向或具體操作會有變化嗎？

不會。冷戰的轉捩點是一九四八年的捷克斯洛伐克政變。羅斯福就算不死、做完最後一個任期，也是一九四八年就該下臺了，然後進入冷戰。只有一點不同：民主黨的處境可能會更糟。因為戰爭結束以後，戰時主持局勢的政府一般都會被選民拋棄。

因為是羅斯福死了，杜魯門在冷戰關鍵時刻又表現得比較堅定，所以給民主黨延了兩屆任期。如果是羅斯福自己掌權，當戰爭一結束，大家出於同情心與戰時團結一致而為他遮掩面子的動機，大部分都將不復存在，原有的政黨政治多數會恢復過來，總統又會喪失不受攻擊的特權，加上他身體太差、意志軟弱，在一九四八年以前的那三年，美國不斷吃虧上當的那三年，大家必然會把責任算在他頭上。

杜魯門當權的話，因為他身體很好，意志也很堅定，大家會明白受騙的那三年實際上是美國全社會共同處在一種天真的狀態，非要吃虧上當才會醒悟過來，因此責任不在杜魯門。

但如果是羅斯福還在臺上，那麼責任恐怕會算在羅斯福和民主黨身上，很大一部分責任還會歸給羅斯福夫人和操縱羅斯福的那個小集團，因此在下一屆選舉，民主黨的處境會比杜魯門當候選人時更加不利。差別恐怕只有這一點。

Q 冷戰期間英國聯合北歐諸國組成的「歐洲自由貿易聯盟」為何不敵歐洲共同體？英國為何率先背叛聯盟、申請加入歐共體，是擔心被德、法兩國邊緣化，還是擔心自己過於獨立的政策在美國面前會顯得樹大招風？冷戰時的英國外交政策如何平衡歐陸和美國？

英國向來反對歐洲大陸體系。法德經濟聯盟從英國的角度來講，根本上就是拿破崙大陸體系和大中歐計畫的翻版。由於只有經濟而沒有軍事，所以稍稍令人放心而已。英國加入歐盟，其實也很像電視劇《是，大臣》（Yes Minister）嘲諷的那樣，主要是因為從外部破壞歐盟沒有成功，那不如加入歐盟、從內部來癱瘓。但最後還是退出了歐盟。

歸根結柢，英國連同北歐波羅的海這些歐洲邊緣國家，跟以法德為核心的歐洲大陸向來處在對立狀態。無論從歷史傳統或經濟利益來講，都很少有共同點。英國能跟歐盟走在一起，主要是因為蘇聯和冷戰的壓力太大，使西方內部的小分歧相對而言顯得微不足道。

所以在冷戰初期，英國的外交是三元的：第一是英美特殊關係，第二是英聯邦特殊關係，第三才是英國和歐洲關係。英美特殊關係其實也是在一戰以後重新發明出來的，英聯邦特殊關係倒是大英帝國的替代版。

Q 冷戰勝利有多少因素歸功於雷根？假如雷根一九八一年遇刺當場死亡，蘇聯還能繼續存活嗎？在雷根死亡的世界裡，美國、中國會如何發展？

雷根是一個戲劇化、符號化的人物，非常像邱吉爾。沒有雷根會怎樣，這種假設就等於張伯倫如果當英國首相會怎樣。基本的故事情節不會有什麼改變。

契爾年科（Konstantin Chernenko）、安德羅波夫（Yuri Andropov）那一代人輪班接軌的結果，最後還是會把政權交給下一代，即使這個下一代不是戈巴契夫（Mikhail Gorbachev）。就算不是戈巴契夫，在反復試錯折騰的情況下，頂多是利加喬夫（Yegor Ligachyov）上臺，然後八一九事件提前發生。或者八一九事件成功，然後蘇聯因為不敢在海灣戰爭中對抗而放棄東歐，龜縮回來。

這樣的歷史等於是刪去葉爾欽（Boris Yeltsin）時代，直接從安德羅波夫時代進入普丁（Vladimir Putin）時代，但跟現在的局面不會有很大的不同。差別在於，會刪除一九九〇年代出現的類似「一八四八年綜合症」的欣快症[10]，好像葉爾欽的俄羅斯已經可以一夜進入民主化了，當然現在普丁使人們失去了這個幻想。

在沒有雷根的世界，蘇聯很可能會刪去戈巴契夫和葉爾欽那一段，然後還是循著基本盤實力相對退化的趨勢，從海灣戰爭撤退以後縮回現在普丁這個殼裡面，除了烏克蘭很可能被吸進俄羅斯以外，整個地圖跟現在的差別不會很大。

Q 阿姨如何看柏林圍牆？

建立圍牆的一方必然是弱者的一方。弱者往往會是更邪惡的一方，雖然不一定如此。建立柏林圍牆的原因是，若不建牆，自己的人就跑光了。對方也可以建牆，但這道

10 一八四八年革命也稱為「民族之春」（Spring of Nations）或「人民之春」（Springtime of the Peoples），是指在一八四八年歐洲各國爆發的一系列武裝革命。所謂的「一八四八年綜合症」，指的是一八四八年革命時，彌漫在知識分子中的樂觀信念。但事實證明，在政治和軍事實力不足的情況下，它們很快就像泡沫一樣煙消雲散了。

牆必然是像川普的墨西哥牆，不是害怕自己的人跑光，而是害怕太多的窮人擠進來分享自己的財富。這兩種流動方向恰好相反，表明了文明中心和邊緣的格局。

如果你是比較強的那一方，必然會有更多人願意來。像孔子說的那樣，來百工，柔遠人，這就是王道的證明。王道有什麼具體證明呢？就是你治理得很好，別國的人都想過來，而自己國家的人都不想往外跑。反過來也是一樣。弱者對付這種情況的辦法只有這些：聽任自己的菁英漸漸跑光，你們的差距慢慢擴大，永久安於弱者的地位；不然就像柏林圍牆的修建者一樣，用監獄式的手段強迫你的菁英留下。

但強迫留下的結果，實際上會使他們因為切斷了與進步一方的交流而退化。同時也會使他們因為喪失了競爭對手，像是一個優秀的棋手上山下鄉以後只能跟貧下中農下棋，漸漸自己的棋藝也會退化。所以長遠來看，兩者會導致同樣的結果。

從歷史上看，弱勢變成強勢的可能性是有的，但確實沒有哪一次是政策設計的結果。弱勢變成強勢，向來是積累的結果。例如，處在文明邊緣的本來是弱勢，但它的環境比較安全或遊戲規則比較自由，能允許自己的人享有較多的探索機會，允許外來人享有比在家鄉更大的自由，在緩慢和不流溢的情況下積累了幾百年；至於中心地帶，則由於高強度的惡性競爭或相互破壞而失去了資源。因此，雙方的位置可能會顛倒過來。

但從來沒有一次，你可以依靠武斷經營的手段來顛倒雙方的強弱地位。武斷手段就是通常所謂的邪惡手段，因為它違逆了所有當事人和個體實施選擇的自由，使所有人都不高興，最後還達不到目的，所以這種做法通常就會被稱為邪惡。我們大多數人談論什麼是邪惡什麼不是時，通常都是本能地把自己帶入當事人的角色。如果你覺得當事人會不爽，你就會覺得這可能是一個邪惡的做法。

但實際上，邪惡都是事出有因，自然有它的功能。政治上的邪惡一般是馬基維利主義的結果。而馬基維利主義如果掌握在一個小集團手裡，經常是需要為了一個局部目的的勝利而犧牲其他。時間線放得長一點，你就會發現這方面得到的利益，遠遠比不上看不見的各方面所受到的損失。柏林圍牆就是典型的例子。當然，強勢一方或善良正義的一方也是會修牆的，就像川普修的那堵牆一樣。

第十三章　全球化

Q 阿姨怎麼看全球化？是不是另外一種形式的大一統？

全球化只是資本的自由流動，其他要素仍然留在原地（包括勞動力），尤其缺乏政治秩序的安排，所以現在常說的全球化談不上是大一統。

大一統的意思是，透過政治權威、汲取機制將已知的文明世界統一起來。在這種統一之下，經濟上的自由流動不是必需的；也就是說，是人事上、吏治意義上的統一。

但在這個吏治意義的統一之下，甚至可能連起碼的自由貿易都做不到，例如沒有一個統一的關稅區，甚至鑄幣權都是分散的，但只要人事上和汲取機制上是統一的，仍然可以稱為大一統。

Q 跨國企業和銀行家是企圖建立世界政府的最大推手，全球主義者（globalist）想要在全球範圍內搞「大一統」才是關乎人類命運的最大威脅。阿姨怎麼看這個觀點？

全球主義和大一統是兩件事。跨國企業為了維護自己的利益，不會希望多國體系被一個世界政府取代的。這樣的世界政府比現在世界上占絕大多數的弱國和小國，是更難被操縱的。

跨國企業最喜歡的是像維京群島這樣的小國，甚至不是一個擁有完全主權的國家，因為這樣的小國容易被跨國大資本收買，或是為了吸引資本而推出各種優惠政策。

像歐巴馬就很討厭安道爾這樣的小國，因為美國公司很容易利用安道爾的優惠政策把企業活動搬到那裡，達到在美國國內避稅的目的，結果損害了美國這種超級大國的稅收基礎。從此例你就可以看出，大公司或跨國公司根本不希望歐巴馬的美國這種強國出現，更別提世界政府了。

Q 現在有一種聲音說，要建立世界政府，所有的民族國家上交軍權、財政權、司法權和行政權，然後世界政府形成自己的財稅和軍隊來管理全世界。他們說這是歷史發展的必然規律，例如中國大一統、歐洲羅馬帝國和阿拉伯帝國形成更大的市場。請問阿姨怎麼評價這種看法？有可能成功嗎？如果可能，請問這個世界政府是為誰服務呢？

大一統王朝跟統一市場完全是兩件事。別的先不說，光看漢國、唐國、宋國、明國、清國以及中華人民共和國，沒有一個有統一市場。它們的統一體現於中央政權集中了人事權力。

在歐洲，集權程度比較高的法蘭西王國不是一個統一市場。在新君主國的絕對君主制發展到最高峰時，也只有巴黎周圍的五個財政區是統一市場，諾曼第、洛林和朗格多克（Languedoc）這些地方都各有自己的獨立市場。而中央集權程度比法蘭西王國要低得多的英格蘭王國，反倒是統一市場。

近代資本主義和民族國家統一市場的形成，是布勞岱爾（Fernand Braudel）和西方歷史學家研究的一個重點。

西班牙也是君主專制和絕對君主制的一個典範國家，而它也沒有統一市場。在政治上被西班牙統一的最核心之地，也就是所謂的兩君主國，卡斯蒂利亞君主國（Kingdom of Castile）和阿拉貢君主國（Kingdom of Aragon），它們的市場始終是分割的。

號稱自由的英格蘭王國，卻有一個統一市場。而且，在政治和人事上分立的不同國家經常有統一市場，但在政治上統一的國家卻沒有統一市場，這在歷史上同樣是司空見慣的。哈布斯堡帝國、洛林和法蘭西、皮埃蒙特（Piemonte）和法蘭西，經常就是這樣的關係。

所以，有統一市場，不一定在政治上是一個國家；一個國家內部，特別是中央集權國家內部，經常有分立的市場。這樣似是而非的理論，其出發點和定義就錯了，以後的分析也就根本沒有意義。

例如，今天的主流形態是民族國家，幾個民族國家建立一個統一市場，取消內部的關稅壁壘，這可以在不犧牲國家主權的情況下做到。歐洲現在已經有很多這樣的情況。早在歐盟建立以前，法國和薩爾保護領（Protectorat de Sarre）、安道爾、比利時之間都有過統一關稅區。英國在對付大陸體系時，曾經跟丹麥和俄羅斯簽署過比今天的歐盟條件更優惠的統一市場協定。

反過來說，政治上統一得很厲害的國家，不要說以前了，就說今天的中華人民共和國，它是沒有統一市場的。例如經濟特區、上海自由貿易區，就是表明了統一市場不存在。在較低層次上各地行政割裂，透過地方政府支援的壟斷企業實質上徵收稅費，使其他地方的企業無法利用本地市場，這樣的情況滿眼皆是。實際上，中國是一個高度割據的、很多小諸侯形成的諸侯經濟體。

第十四章　科技進步

Q 阿姨如何看待技術對歷史的影響？大至核武，小到電子資訊卡片，感覺現在技術對人的生活是無孔不入啊。

技術是歷史的衍生物，所有的技術都有根脈，不是隨便像蘑菇一樣憑空長出來的。其實就算是蘑菇，也有地下的根鬚。

以電腦為例，所有介面都有風格差異，照這個差異你可以把它們大致分為兩類。

第一類是天主教式的，充滿了華麗的安慰，讓你感覺自己並不孤獨，你的努力或行為會在環境中產生迴響，所以你時時刻刻都感覺到周圍有人。

第二類則是加爾文（John Calvin）式的，你在黑暗迷茫中感覺到自己極度孤獨，儘管自己做了很多，卻無法確定你做的事有沒有意義、會不會有迴響。

你回顧一下玩過的電腦、使用過的各種系統，是不是全都可以或主要可以把它們劃分為這兩類。

Q 科學技術對人類政治有什麼影響？

政治不是取決於人的理性，而是取決於人的弱點，而人的弱點是很難改變的，一般來說不會因為技術發展而改變。因為人接受各種刺激的弱點，入口也就那幾個，外界的技術一般來說打擊的還是原來那幾個入口。

打個比方，如果一把石刀砍在你手上，你感覺疼；石刀變鋼刀，你還是疼；鋼刀變成槍或其他武器，打到皮膚上，你感到的仍是疼。這就是技術升級造成的結果，你只要看它打擊的是哪些人性弱點，就可以推斷出它產生的作用是哪些。

例如，互聯網的作用就是扁平化，跟十九世紀的報刊媒體差不多。像馬克思這樣的小報專欄作家，在今天就會是一個知名博主，或是像川普那樣擁有重要的推特帳號。它們的作用都是扁平化，因為它們提供了一條道路，能把最高級的、具有決策能力的那個政治階級，與容易被煽動的大眾人民對接起來，使他們可以繞過傳統上能約束最高階級的中間階級，結果就是消除或至少是大大削弱了政治上的緩衝餘地。

你知道十九世紀的歐洲為什麼很少大規模戰爭嗎？技術上的重要原因就是，戰爭與和平掌握在擁有巨大權力的貴族外交官手裡。儘管他們效忠的國家不同，但他們都是親戚，有彼此是一個俱樂部的感覺，同時由於交通各種不便，他們享有極大的外交決策權。用不著事事請示首都、國王、皇帝或內閣，他們就有很大的決策權，因此他們很容易達成協定。

但隨著報刊、電報的發展，這些東西在當時產生了一種互聯網在今天的效果，使得最高決策層和人民可以直接對接，外交官的日子就不好過了：第一，國王和皇帝可以直接給他下令，他就不能「將在外，君令有所不受」了；第二，君主和大臣可以直接訴諸人民的情緒，藉此反對站在中間的貴族外交官和高級軍政人員。

這樣一來，貴族外交官之間達成祕密外交的迴旋餘地就更小了。政治家直接訴諸群眾動員，那就是非黑即白的情況：你是壞人，我們跟你打一仗，或你是好人，我們成為好朋友。原本由貴族外交官、俱樂部外交所主持、具有多種緩衝形式的外交迅速消失了，因此過去的小型、可控的戰爭迅速升級為世界大戰。

Q 現代資訊化擴展了專制控制力，但社會複雜度也大增，王熙鳳們誤判形勢的可能性比前輩大還是小？

這跟信息量關係不大，任何時代的人都是被大量資訊淹沒的，只是形式有點不同。在秦始皇那個時代，皇帝一天到晚看竹簡看到深夜。即使是在文字產生以前，部落酋長從他的巫師那裡觀察自然環境，天象、各種野獸和水文情況的變化，那也是占滿了資訊。所有負責任的人，必然是一腦子占滿資訊的，古今差別不大。

關鍵在於兩個因素：第一就是你自己的智慧和格局，這會決定你處理已知資訊的能力和判斷力；第二個就是你所在的體系允許你獲得資訊的方式和偏好。

Q 阿姨說過，在所有的周邊文明區，都存在瓦房店式的技術退化現象。請問，在技術發源的核心文明區，原有的技術若不再進步，是否也會退化？技術是否不可能停在原地，而必須不斷更新，不進則退？技術進步在自古以來的西亞和歐洲，是依託怎樣的演化機制來實現的？除了多元

開放競爭，是否還能提煉出其他共性規律？

技術進步是依靠兩個圈的互動形成的。

第一是技術生產者的同儕行會，例如醫師行會、律師行會和紐倫堡的鐘錶行會這種中世紀不斷產生的行會，其內部的競爭和評價。

第二就是使用者的回饋。例如在軍事技術方面，主要就是封建貴族的回饋。封建貴族和匠人的關係特別密切，這在歐洲尤其明顯，但在其他有封建性的地方也是這樣的，例如蒙古貴族和滿洲貴族。耶律楚材說治天下要有治天下匠，就跟造弓需要造弓匠一樣重要，說明了蒙古人對工匠的重視。滿洲人對鐵匠的態度也是一樣的，因為箭頭、刀劍和盔甲管不管用，直接關係到貴族老爺的命。

這兩個集團之間不斷回饋和互動會促使技術競爭。產生新技術的工匠，有辦法從使用新技術的人（例如封建貴族或其他客戶，但對鐘錶匠來講就不一定是封建貴族，而可能是城市資產階級）那裡得到優厚的犒賞，在自己的圈子出人頭地。而他自己的圈子是技術內行，懂得利用他的發明來給自己推陳出新，從而把好處撈到自己的口袋裡。

如果評價標準離開了這兩個圈子，或這兩個圈子之間的互動出了問題，像羅馬帝國取代羅馬共和國以後那樣，那麼軍事品質和技術競爭都將趨於衰亡。這就是君士坦丁大帝想要建立新城時連像樣的雕刻匠都找不到，只得掠奪前代雕刻的原因。

與此同時，在帝國政治不能控制的邊區，例如巴爾幹邊境的蠻族那裡，自然而然形成了既能利用帝國資源、又能利用帝國地下黑市的技術創新中心，像近代的香港和上海一樣。例如，科隆為什麼早在羅馬帝國崩潰、基督教傳入蠻族以前，就有據說多達上萬名猶太人？這些猶太人就是到當時的香港和邊境地帶，到帝國的技術壟斷破壞力不能達到、而帝國的資源仍然可以被自由蠻族的多競爭中心所利用的地方，去尋找商業機會。他們導致了北歐的船隻技術革命和巴爾幹東歐的煉鐵技術革命，這些革命的後果就是羅馬帝國的崩潰。

Q 請問阿姨如何看待圍棋、人工智慧與腦機介面？

這三者都是演算法，只是層次和複雜度有別。

腦機介面這個突破可能還會涉及更多問題，例如人的思維是不是僅涉及大腦，跟腎臟、消化道、脂肪組織的功能，或跟內分泌和免疫系統的複雜組織是不是完全無關。

我傾向認為其實有關。也就是說，我們認為是大腦思維活動的某些東西，實際上跟內分泌和免疫系統的那種生態性雲計算是頗有關係的。如果腦機介面能實現，這一點大概就可以得到驗證了。

第十五章　工業化／城市化

Q 阿姨在《文明更迭的源代碼》中說：「工業革命是肯定能發生的，但如果它不跟全球貿易結合起來，可能是一種依附性的技術進步，不見得會對社會結構造成很大社會影響，僅僅是工業和科技層面的突破。」意思是不是全球貿易滾動出來的巨大財富，培育了強大的工業資產階級和富可敵國的金融資產階級，把封建貴族階級從歷史運動中排擠出去？民族國家是以這個去貴族化、去等級化的資產階級社會為基礎？上升到歷史規律層面，是不是只有技術進步孕育出了新的階級力量，才能重組社會結構，否則單純的技術進步只會被原有社會階級吸收利用？

直截了當地說，技術進步只是文明這個生態系統當中的一個極小的局部系統，它可以依附於奴隸制、封建制和許多小的社會生態。例如，埃及人開發過非常強大的石器製造工業，再看看殷商的骨器作坊、希臘阿提卡（Attic）的陶器工業，單論工業技術本身，沒有理由認為它們一定比十六或十七世紀英格蘭的紡織業還差。

我們要注意，即使到了十八世紀（英格蘭所謂的資本主義萌芽時代），大多數工廠有幾百人就算是大廠了。跟阿提卡的陶器製造業或埃及的石器製造業相比，規模其實更小一些。殷商那些人骨作坊的工人，或鄂爾多斯（Ordos）古城那些陶器匠人使用的人力，很可能還要更多。

這些工業最後沒有成長為英國工業革命這樣遍及全球的力量，恐怕就是因為沒有一個相應的貿易和軍事體系充當他們的載體。小範圍的技術要跟其他的眾多技術形成嵌合體系，背後還要有社會支援系統。其中牽涉因素之複雜，是那些工業革命科普著作的單線敘事遠遠無法涵蓋的。

Q 能跳出馬爾薩斯陷阱[11]是因為工業革命，那麼經濟上的工業革命有沒有可能是歐洲某些軍事革命造成的附帶效果？

工業革命不一定能使你跳出馬爾薩斯陷阱。例如，馬爾薩斯認為北美殖民地的生活水準比英格蘭高，更比歐洲高。但當時的北美卻不是一個工業區，而是一個以農場為主的地區。我們只能說，當時的北美因為自然資源頗為豐富，人口又少，所以跳出了馬爾薩斯陷阱。而在人口高度密集的遠東某些地方，工業化是不是能避免馬爾薩斯陷阱，則是很值得懷疑的。

例如，遠東三國避免了馬爾薩斯陷阱，實際上是美國在冷戰時期實行的附庸國體制和大量糧食輸入的結果。否則在二戰以前，日本和韓國的工業發展似乎並沒有使它們走出馬爾薩斯陷阱。也就是說，工業發達不一定會體現於底層人民生活水準的提高。

這兩個小的動力學機制跟文明這個巨大的動力學機制相比，只是巨大生態系統當中由蜜蜂和花朵組成的小小生態環。一定要說這個小小生態環是由某種驅動力量造成的，那就是低估了系統本身的複雜性。

Q 阿姨如何看待城市化和工業革命？

這是很糟的認知框架，基本上犯了生物學家常說的那種把鯊魚、魚龍和鯨魚歸為同一類的錯誤，因為這三種東西雖然都生活在海裡，但祖先不同，下海的經歷不同。

城市化和工業革命，如果是指人口在城市的集中和產生各種工業體系，那麼在人類歷史上是發生非常多次的，例如羅馬帝國就發生過，但它們的法律體系非常不一樣。

羅馬、中東伊斯蘭教、吳哥窟的城市，以及普韋布洛（Pueblo）印第安人的聚居點與殷商的手工業，它們的共同點實在太少了。以陶器製造工業來說，唐朝、東周、埃及、巴格達、羅馬帝國和十九世紀英國的陶器製造工業，都能造成城市化和工業革命，而且都已經造成了城市化和工業革命，但它們能相提並論嗎？顯然它們背後的法律機制和社會功能是相差極大的。韋伯（Max Weber）說過，腓特烈大帝（Friedrich II）的專

---

11 人口學家、政治經濟學家馬爾薩斯（Thomas Malthus）指出，當人口快速增長，但資源供應的速度跟不上時，生活水準會下降到維持生存的最低水準。技術進步雖然會提升生產力，但人口增長最終會抵消其效果。結果就是經濟和社會難以實現持續的長期繁榮，陷入停滯或貧困。

制主義對自由農是有極大好處的，但羅馬的專制主義當然並非如此，東方的專制主義就更不用說了。

工業化和城市化也是這樣的。我們熟悉的工業化，是十七到十九世紀以後英格蘭的那種資本主義，從技術上來講跟羅馬帝國早期的工業有很多相同之處，但在法律上就差得遠了：羅馬帝國的早期工業跟奴隸制非常密切，工業的發展在很大程度上配合和支持了經濟作物產業和奴隸制的增長，又把奴隸本身變成了一種金融家可以抵押的東西，這三個體系相互聯動，加深了整個社會的退化，而英國的工業革命起的則是相反的作用。

東周時期百官百工這些名目之下體現的王室手工業體系，和近代上海開埠以來地主士紳把剩餘資本投入租界而建立起來的類似輕工業，從技術上來講，它們之間的重合之處也是非常多，但它們的社會功能和法律地位同樣是相差太遠。

Q 毫無疑問，城市化會侵蝕鄉村，而社會的活力在鄉村。但就社會結構的複雜度、信息量與社會節點來說，城市遠高於鄉村，是更好的演化場。從姨學的角度來看各有優劣，您認為鄉村和城市哪裡更好？為什麼？

城市的社會複雜度不見得超過農村，而且城市也有各式各樣的。以經濟方式或以樓房高度來劃分城市和農村，實際上是不得要領。

有很多地方（例如英國有很多鄉村）是有憲章的。一般人的印象是，有憲章就是市鎮，至少是自治市鎮。但確實有很多只有幾百人的英國農村，在亨利二世時代甚至更早的時代，就已經跟周圍的領主或國王簽署了類似倫敦的那種憲章，而且這個憲章經過歷代增補和修改，至今仍然能使用。

現在還有這種情況：有的富翁買了鄉村大宅，冒充祖上是紳士，但住沒幾天就發現周圍的一條小路不能走。追溯下去，發現那是幾百年前，小村居民跟國王或領主簽訂憲章時的一條古怪約定。

第十六章　人口

Q 未來的人口增長來自哪裡？會向哪裡流動？

人口倉庫或人口輸出點自古以來就只有蠻族與宗教，現在仍是如此。蠻族性最強的地方，例如非洲的原始部落，在現代醫療不斷侵染之下，保持了極高的人口增長率，東南亞某些地方也屬於這種情況。

另一個人口增長源就是宗教。例如像菲律賓這樣虔信天主教的地區，就是一個重大的人口增長源。信仰伊斯蘭教的地區，例如孟加拉，也是一個重大的人口增長源。從巴基斯坦到哈薩克這一帶的內亞，是一個年輕人口爆炸的地區。但伊朗這樣伊斯蘭教文明色彩比較重、而且最高增長率已經過去的地方，人口增長率已趨於下降。

Q 阿姨怎麼看未來幾十年內世界人口的流動方向？

人口增長率最高的地方是黑非洲，其次是內亞。中東的核心地區，像是伊朗和阿爾及利亞，人口增長率已經越過最高峰，開始下降了。九〇年代大概是最高峰，近幾十年已經是進入節節下降的過程了。就歐亞大陸來說，內亞高加索地區的人口增長率最高，尤其是從阿富汗、巴基斯坦到塔吉克這個區域，人口增長率最高，必然會從這個區域向四周蔓延。黑非洲的人口則必然會向全世界蔓延。

人口增長率最低的地方，現在是俄羅斯和日本、臺灣，將來不可避免將會是中國。這些地方臨近內亞，必然會變成內亞人口填入的窪地。

Q 為什麼中東飽經戰亂卻沒有出現人口滅絕？

羅馬帝國解體以後，中東的戰亂強度都不太大。真正算是中國這種級別的人口滅絕，只發生過兩次。

一次是蒙古入侵，人口滅絕最嚴重的地方就是費拉化最嚴重、小農散沙最嚴重的伊拉克兩河平原地帶，其他地方基本上沒有這方面的跡象。即使是在蒙古軍留下很多屠城記錄的東亞，也是像揚州十日那樣，僅僅重點屠了幾個有反抗能力的城市，而直接投降的城市還是被保全了。

另一次就是阿拔斯王朝（Abbasid Caliphate）末期的黑奴起義。這一次波及的範圍只包括今天的伊拉克南部，黑奴抱著階級仇恨屠殺了很多人。

至於其他的戰爭，都只消耗了極小的一部分人口，基本上沒有動搖社會結構。這一點不得不說是給伊斯蘭教提供了一個有利的歷史評價。

Q 本世紀的全球大洪水會讓哪些地區面臨人口大量死亡的威脅？德國、奧地利可否逃過一劫？

哪有什麼全球大洪水？洪水從來只淹沒低地，不會淹沒高地。德國顯然不會有事。大規模的人口死亡，是一個純粹的歷史積分問題。會發生大規模人口死亡的地方，必然是歷史上經常發生大滅絕的地方。如果歷史上沒有或幾乎沒有發生這種事（德國明顯屬於這一類），那基本上就不用考慮了。

波蘭小說《大洪水》（*The Deluge*）描繪的是瑞典入侵波蘭時期，波蘭繁榮的城市經濟受到沉重打擊。但仔細算起來，人口損失是微不足道的。以前波蘭人自認是宗教改革和文藝復興時期歐洲思想和經濟的重鎮，出了很多宗教改革者和文藝復興名家，例如哥白尼這些人，都是出身於波蘭。但在大洪水以後，波蘭漸漸沒落，變成一個東歐國家，相對西歐來說就是二等人。波蘭人懷念過去，就像莫斯科人懷念自己跟歐洲差別還不明顯的基輔羅斯（Kievan Rus）時代。波蘭人所謂的「大洪水」就是這個。而在德國文學中，是連「大洪水」這個名詞都沒有的。

Q 城市的人口密集度和社會內卷化[12]有沒有一定關聯？

內卷化和資源、機會的鎖閉密切相關，但城市不見得就是內卷化最嚴重的地區。有

12 內卷（involution）是指一個文化模式發展到一定程度後，沒辦法有所突破，只能往內繼續複雜化發展。

些城市嚴重內卷，主要是由於社會結構使大多數居民除了分割既有資源以外，看不到開闢新資源的機會。這不一定是說實際上沒有新的資源和機會，而是說社會結構使人不能往開闢新資源的方向去想，只能往分割愈來愈少的既有資源這方面去動腦筋，結果使所有人都變成一地雞毛。

但在大多數情況下，城市的資源和機會不是最少的。真正內卷化最嚴重的地區是社會嚴重散沙化、土壤肥力也不斷退化的地區，例如黃河中游地區。

第十七章　氣候環境

Q 隨著人類數量及經濟規模暴增，森林面積銳減，生態環境日益惡化。請問，當政治經濟秩序演化到何種地步時，生態環境才不再惡化？

生態惡化是文明晚期的現象。大量沒有經營能力的小農砍光森林，但沒有能力維持水利措施，到了一定程度就發生大滅絕。之後人口減少，生態環境又恢復一段時間。

現在其實不能算是生態環境最惡化的時期。因為依靠外部技術輸入，已經可以暫時不大依靠土地的力量來支持超量的人口。但如果對外貿易管道和技術管道中斷的話，像是黃河中游地區那些過著預支和借來生活的大部分人口，很快就會回到原來的狀態，進入週期性的滅絕之中。在黃河中游與北印度，這樣的劇本已經演出好幾次了。

請阿姨系統地講一講氣候變化。

氣候一直都在變化。現在無論是變冷變暖，都沒有超過近兩千年文字記載中的物候學（phenology）變化極限，所以問題如果僅僅是溫度高低，那麼變冷和變暖都是炒作。再冷也沒有冷成明清小冰期，再暖也沒有如同殷商之間大象在河南駐馬店隨意徜徉。

但除了單純變冷和變暖以外，還有極端化的問題，也就是變化速度可能也是問題。如果是很慢地變冷或變暖，物種損失很小，大家都容易適應，例如變冷之後，物種會慢慢向南遷移，沒什麼障礙。但如果是迅速變冷，物種來不及遷移到適當之處，中途遇上自然障礙，損失可能就會很多。所以速度也是一個問題。

氣候極端化不能簡單稱為氣候變冷或氣候變暖，但也是氣候變化的一種。當然，現在的氣候極端化也沒有超過史上最高水準，這個歷史就不是有文字記載的歷史，而是自然史。

第十八章 假設未來

Q 阿姨覺得未來世界會如何發展？

未來世界在幾十到幾百年後，會經歷重大的社會革命。如果社會邊界始終保持開放，今天的世界就會面目全非。使羅馬滅亡的社會革命之後，人類還沒有經歷如此劇變。人口老化衰竭和應對性技術開發，註定會破壞現存社會的基本結構，其中許多社會將會像羅馬一樣一去不復返。人口替代不可避免會伴隨殘酷的社會震盪，可能使二十世紀的戰爭相形見絀。能繼承未來的社會差異之大，很可能會使冷戰雙方像孿生兄弟一樣相似。

具有自我延續性的共同體至少有以下幾種。

其一是延續猶太教傳統的教會，尤其是具有原教旨傾向的教會。他們能維持高生育率，能吸引和保護社會離散的游離者，不需要國家組織而能維持和擴展，能在自然和社會災變中保持巨大的抗壓力。

其二是極客（geek）或其他類型的騎士團組織，有些可能像《為和平而戰》（*The Peace War*）中的叮噹客（tinker）[13]，有些可能像是聖殿騎士團那樣的武士金融家組織，有些則可能像是日本武士或僧侶。這些小團體很容易占據關鍵性的生態位，發揮與其人數不相稱的影響力，依靠兄弟會契約和學徒契約的變形，而不依靠甚至厭惡家庭。相對於民族國家的官吏機構和軍隊，他們擁有的優勢大大超過蘋果公司對國家計委的優勢，很可能導致傳統國家的衰敗。

其三是拉普達（Laputa）式[14]科學家士大夫團體專政，將治下的臣民完全改造成相當於礦產和家畜的資源，傳統國家的義務和負擔基本上消除了，依靠低成本的巨大優勢自我維持，只要能逃避或收買前兩種社會就能長治久安。

此外，應對路徑和組織技術的排列組合會創造更多的可能性。包括太空的世界，會變得更像中世紀般多彩多姿。

現有的福利國家和世俗人文主義知識體系，在達爾文意義上的生存能力最差，大概不如黑幫團體。如果世界的邊界日益封閉，某種形式的羅馬帝國就會成為最有可能的解決方法。這種未來會保存今天的大量特徵，但不可避免會依靠削減複雜組織而維持平庸的舒適生活。

Q 假設人類實現永生，可以不再衰老，但不排除由於事故和戰爭而喪命，請阿姨推演一下，文明衰老的速度會加快還是減慢？

那樣的話，文明多半會毀滅或衰退，至少會嚴重衰退。人如果在正常情況下是可以永生的，但在不正常的情況下就無法永生，例如交通事故、意外事件或謀殺，那麼夭折和死亡就會變成一件比現在還要更加重大的事件。

現在死了一個小孩是重大事件，但在中世紀這是很正常的，所以現代人普遍缺乏應對死亡的能力。現代人還沒有辦法永生，只是長壽而已。一個人如果活不到五十歲，大

---

13 家庭作坊式的科研小組。

14 出自《格列佛遊記》，是一個極端科學理性控制下的國家。

家就要呼天搶地了。

設想，如果沒有謀殺或意外，人在正常情況下都能永生的話，那麼極少數得不到永生的人算是吃了一個駭人聽聞的虧，是一個極其嚴重的事件。在這種情況下，恐怕會產生「崇拜意外之神」這類的宗教，而圍繞著那些極少數吃虧的人，會產生極為可怕的算命文化。這些對文明都沒有好處。

Q 隨著科學技術日益進步，人類能否完成自我進化？人不怕熱，不怕冷，不會受傷，甚至不會死亡，最後成為超人，就像《人類簡史》寫的那樣，歷史在人類創造神的時候開始，在人類成為神的時候結束？

我不知道《人類簡史》寫了什麼，但如果寫了這些東西，那作者還不如直接去寫科幻小說，因為這已經進入胡說八道的境界了。

演化有相當於剛性約束的東西，因為資源有限，而且資源必須是均衡的，所以這一邊多了，那一邊就要少。你不能把肝臟變得特別強而把腎臟變得特別弱，這樣的個體會按照最弱之處來表現；肝臟的長處還沒發揮出來，腎臟的弱點已經把你給報銷了。

現在的人體，就是在資源有限的情況下，各個系統之間盡可能妥協，盡可能脆弱檔次差不多相同，形成一個綜合來看還勉強可以的組合。

想要改變是很困難的。增加某部分的投資，但損害了其他部分，實際上是得不償失的。而且，如果人類真的在體質上強到無懈可擊，那就會出現這樣的情況（其實以現在進步的醫療技術來看，這種可能性已經以較低階的版本出現了）：人類會認為自己天生就應該健康長壽，難以忍受中年死亡或少年夭折，因為這是社會的失職，全社會都對不起自己。

無論醫療多麼進步、體質多麼強健都免不了的意外死亡，例如從鞦韆摔下喪命、探險失事或喝水嗆死，以及交通事故，這些在死亡原因中所占的比例就會上升。對遠古時代比較正常的人類來說，這樣的死根本微不足道，跟死於戰爭與饑荒的人相比，數量不僅較少，而且基本上算是好死，並不算冤枉。而在我剛才描繪的那種情況下，大家就會認為所有人生下來就應該健康長壽、身強體壯，出現前述那種死亡則是極不公正、極其危險的。

Q 以色列作為上帝的應許之地，能否成為國際秩序崩潰的避難之地，就像諾亞方舟那樣保留種子和人口？

避難之地太多了。只要有千分之一甚至是萬分之一的人口倖存，就足以保證現有文明的大多數種子庫不受到損失了。也就是說，如果大洪水消滅了百分之九十九甚至百分之九十九點九的人口，對於文明的影響其實小到可以忽略不計。

現在還不需要考慮保存種子。真要考慮，那麼只需要一個跟紐約州長島（Long Island）一樣大的地方，大概就能保存東亞所有的種子了。所以，如果是以保存文明為目的，那你根本就不用擔心找避難所這類問題。

Q 假如有一天，攜帶高科技的外星人從天而降，宣布將與朝鮮政權合作，將朝鮮作為外星人統治地球的代理人，阿姨能否推測一下這個外星文明的形態和目的？

那必然是翻譯製造出來的東西。假定有外星文明，它不可能一下子就理解地球上的各種政治形態，所以也不可能明白國家和統治的意義。短期內，只有為它做翻譯的那批人才能假傳聖旨，用地球人能理解的方式傳達它的意思。

Q 假如現在有一種致命病毒殺死了百分之九十九點九的人類，只剩下七百多萬有抗體的人在世界各地活下來，請問這些人會產生什麼文明？是否會因為人均資源更多而活得更好？

不一定，因為有很多東西是依靠集群效應才能形成細密分工。如果人口規模不夠大，有很多專業會因為消費者消失，成本變得太高，反而維持不下去。

人口數量沒有意義，有意義的是分散的小團體之間能否形成互助分工的關係。例如，這七百萬人、七千萬人或七億人如果都是城市宅男，一般來說一定會死絕，他們可能連自己野合性交、在野外養育兒女都學不會。但剩下的七百人如果是因紐特人（Inuit）或來自拉普蘭（Lapland）這樣的部落，那應該是沒問題的，只不過他們肯定要損失很多技術。

Q 若上帝要毀滅世界，或人類受到重大災難，導致文明滅亡，如果請阿姨寫東西留給倖存者，幫助他們發展下一代文明，您會怎麼寫？

什麼也不用寫，把筆捲在紙裡就行了。

紙留不下來，紙上寫的東西肯定會消失，最能保留下來的就是筆了。你要是有石塊，倒可以像阿基米德的墓碑一樣，刻一個〇在上面。最能長久保存的可能還真是石頭做的這種東西。紙或軟碟、硬碟，反倒最不容易保留下來。

文明的流轉

作　　者｜劉仲敬

一卷文化
總 編 輯｜馮季眉
責任編輯｜翁英傑
封面設計｜木木Lin
內頁設計｜菩薩蠻電腦科技有限公司
出　　版｜一卷文化／遠足文化事業股份有限公司
發　　行｜遠足文化事業股份有限公司（讀書共和國出版集團）
地　　址｜231新北市新店區民權路108-2號9樓
郵撥帳號｜19504465 遠足文化事業股份有限公司
電　　話｜(02)2218-1417
客服信箱｜service@bookrep.com.tw

法律顧問｜華洋法律事務所 蘇文生律師
印　　製｜中原造像股份有限公司

2024年12月 初版一刷
定價｜450元　　　　　　書號｜2THS0003
ISBN｜9786269914746（平裝）
ISBN｜9786269914722（EPUB）　9786269914739（PDF）

國家圖書館出版品預行編目 (CIP) 資料

文明的流轉：鄉民最好奇的人類文明大哉問 阿姨一次說清楚 / 劉仲敬著 . -- 初版 . -- 新北市：遠足文化事業股份有限公司一卷文化出版：遠足文化事業股份有限公司發行, 2024.12

面；　公分 . -- (劉仲敬 . 通俗阿姨學 ; 1)

ISBN 978-626-99147-4-6(平裝)

1.CST: 文明史 2.CST: 世界史

713　　113018017